Fluir con la Vida

PILAR GONZÁLEZ ÁLVAREZ

ÍNDICE

¿CULPABLE O INOCENTE?

CAPÍTULO V

DEL FRÍO DEL ODIO AL CALOR DE LA RABIA

CAPÍTULO VI

DEL DOLOR AL PLACER

POR ÚLTIMO

OTROS LIBROS DE LA AUTORA

Pueden ponerse en *contacto* con la autora en el e-mail:

info@pilargonzalezescritora.com

También pueden visitar el blog de la autora:

https://pilargonzalezescritora.com

A todos los que sueñan y quieren despertar.

Agradecimientos

Agradezco a la vida la posibilidad que me ha dado de existir. A mi familia y amigos/as su apoyo, su escucha, y su afecto. A Rosa Trigueros, sus útiles comentarios e inestimable colaboración en la corrección del borrador definitivo de este libro. Y en especial a Maribel Pérez, mi terapeuta, por arrancarme la venda de los ojos, por colocarme delante del espejo para mostrarme mi rostro reseco, mi mutilada alma, mi hambre de espíritu, por tenderme su mano y acompañarme al traspasar el miedo, por guiarme hasta la orilla de la confianza, por haberme enseñado a agradecer.

Introducción

Este libro pretende ser un camino abierto, un humilde estímulo para aquellas personas que se están buscando a sí mismas, que anhelan la vida y quieren experimentarla en todas sus manifestaciones, que necesitan, como el agua, dejarse fluir.

Porque como el agua la vida fluye, se mueve, y cuando el movimiento cesa la vida muere.

Buscar la magia de la vida en nuestro interior es un gran paso que nos acerca al reencuentro con nuestro propio ser, ya que ahora buscamos en el lugar correcto.

Lo más hermoso que he descubierto hasta ahora es sentir que la vida soy yo, no es algo que está fuera de mí sino dentro, y cuando algo me toca, me conmueve, ya nada es igual, ha ocurrido un hecho mágico que me permite abrirme a la potencialidad que soy.

He tardado mucho tiempo en darme cuenta de que nada me es ajeno, de que estoy conectada al universo, a sus ritmos, a sus ciclos, a lo que voy creando a diario en mi vida, en mi cuerpo, en mis relaciones. Soy responsable de todo lo que creo, y tengo, por tanto, poder para crear o destruir, para elegir lo bueno o lo malo, poder para decidir cuidarme o hacerme daño.

El proceso de recuperación del propio ser es un camino en el que nos vamos encontrando una serie de pistas: distintas emociones que nos sacuden con el único fin de hacernos despertar.

Describo en este libro ese sendero, por si puede servir a alguien como mapa de su propio camino. En este mapa encontraremos un punto de partida, un punto de llegada y una ruta a seguir, que aunque no es la única válida, tan solo puedo hablar de aquello que conozco. El punto de partida es el motivo que me impulsó a **buscar:** sentía un negro y profundo vacío. Este hueco sentimiento me permitió darme cuenta de que estaba desconectada de la vida.

Y como quien busca halla, el sendero apareció de pronto ante mis pies, no por arte de magia sino después de mil ensayos que fallaron: una vuelta, un rodeo, otra vuelta, un desvío, y más vueltas... Hasta que lo encontré.

El punto de llegada es celebrar la vida, no es un punto y final, a cada paso se renueva, cada segundo es un punto de llegada más. La ruta que he seguido es la de contactar con todas esas emociones que voy describiendo a lo largo del libro. Y a pesar de que puede dar la impresión de que este es un proceso lineal, es en cambio como una espiral. Si lo he descrito de este modo ha sido con la finalidad de facilitar la identificación y el trabajo con las emociones. La realidad, en cambio, es que estas aparecen y desaparecen de forma espontánea, se reavivan en muchas ocasiones; a veces, dándonos la impresión de que hemos retrocedido en el camino. Sin embargo cada aparición nos aporta un nuevo descubrimiento, un nuevo matiz. Una nueva gama de posibilidades se abre ante nuestra vista, ampliándola, enriqueciéndola, porque como alguien dijo: **«Lo importante no es cambiar el mundo sino cambiar la mirada».**

El verdadero cambio comienza cuando descubrimos que no tenemos nada que cambiar. No tenemos nada que hacer, nada de esfuerzos ni actos heroicos, pues es muy cierto que **«por mí misma nada puedo hacer»;** en todo caso, solo podemos abrirnos y recibir. Nuestro único poder es ver y permitir, y de modo increíble este poder tan simple todo lo puede.

También, a veces, podría parecer que es un camino ascendente, pero por el contrario descendemos cada vez más. Es un descenso que nos lleva al interior, hasta nuestra raíz. De pronto nos encontramos girando en un torbellino que nos arrastra hacia adentro, hacia el fondo, hacia lo profundo de nuestros corazones.

Y de forma milagrosa, al llegar al centro, una fuerza mágica nos hace subir.

Muchos autores hablan de la necesidad de desapegarnos de nuestras emociones, de la necesidad de no identificarnos con ellas, ni con nuestro cuerpo, ni con nuestra mente. Respeto mucho esta visión, aunque creo que el hombre y la mujer actuales, sobre todo en las sociedades occidentales, nos hemos desconectado tanto de nosotros mismos que tenemos que empezar por apegarnos a lo que, en parte, somos. Sentir de nuevo nuestro cuerpo, usar nuestros sentidos, salir de ese ritmo loco que nos lleva a estar siempre ausentes del ahora, empezar a parar, volver a respirar.

En los capítulos siguientes dedico el primero a describir este viaje, que no es otro que el viaje del héroe; el segundo a retomar el contacto con nuestro cuerpo. Quizás sea el más importante, ya que sin el primer paso no hay camino. Los demás: uno a cada una de las emociones que creo fundamentales liberar. Por último una fiesta, a todos nos gusta celebrar.

Este también puede ser tu camino, solo tienes que elegir transitarlo, ponle nombre al cartel de salida y revisa tu vieja mochila.

¡Buen Viaje!

PRIMERA PARTE:

EL LABERINTO

CAPÍTULO I

El Viaje del Héroe: El Viaje como Símbolo

[2] Los mitos y leyendas son parte fundamental de nuestra tradición. Sus personajes representan arquetipos, es decir, modelos o patrones de comportamientos que emanan del inconsciente de la experiencia humana. Son universales y atemporales, habitan en nuestro interior y ejercen una gran influencia sobre nosotros. Reflejan nuestros universos emocionales, orientan nuestros guiones de vida, motivaciones, comportamientos y actos.

Hay numerosos arquetipos, entre otros podríamos citar el de la Madre, que representa el principio femenino. En su aspecto positivo refleja la cualidad del amor y la creatividad, en su faceta negativa nos habla de nuestra capacidad de destrucción, del odio, la envidia y la venganza. A pesar de que un arquetipo reúne en sí

21

mismo estas dos condiciones: la negativa y la positiva (de hecho así los define C. G. Jung), en la mitología, los cuentos y leyendas, ambos aspectos han quedado escindidos en distintos personajes.

Así el arquetipo de la Madre se ha dividido en la «Gran Madre» para representar las cualidades positivas, y la «Bruja o la Madrastra» para reflejar las cualidades negativas.

El arquetipo del Sabio o el Mago nos habla de nuestra intuitiva sabiduría innata y nuestra habilidad para dirigirnos de modo adecuado en la vida. El de la Víctima representa la delegación de nuestro poder, sin el cual nos sentimos desprotegidos y dependientes, a expensas de lo externo.

El del Niño Divino viene a recordarnos el luminoso potencial que habita en el alma humana: ese vacío necesario que de modo incesante se colma, se desborda y vuelve a llenarse y, en este proceso de dar, la bondad, la generosidad y la confianza se ponen de manifiesto, al igual que su sensibilidad y sentido de la belleza, como atributos inherentes a él. Podemos destacar las siguientes cualidades del Niño Divino: es espontáneo, confía en la bondad de la vida, se siente pequeño, se da forma desinteresada, es receptivo a la belleza, sensible, compasivo y tierno.

En contraposición con este personaje aparece el del Héroe o Guerrero, buscador incansable, insensible, fieramente ocupado en encontrar lo que él cree importante se pierde la belleza de lo simple. Este modelo, a pesar de aparecer como masculino, ejerce

22

su influencia y sirve **tanto a hombres como a mujeres**, pues el crecimiento personal no es una cuestión de género. Desde esta perspectiva el arquetipo del Héroe representa la Transformación, el modelo del Cambio, tanto para hombres como para mujeres.

Aunque podríamos seguir enumerando otros muchos arquetipos, el que aquí nos interesa es el del Héroe, el cual ha sido, a lo largo de toda la historia, un personaje idealizado. Algunas de las virtudes que se le han atribuido son las siguientes:

- Valiente, fuerte, enérgico y luchador.
- Leal, fiel a su rey y a sus súbditos.
- Salvador de los débiles, protector de la justicia y dispuesto a sacrificarse por el mundo.
- Viajero, buscador infatigable de la Verdad Suprema.

Lo que le caracteriza es su constante lucha. Para él la vida es un campo de batalla en el que existen dos fuerzas antagónicas en pugna: las fuerzas de lo oscuro y las fuerzas de la luz; y alineándose en las filas de estas últimas combate contra el mal. Esta perenne contienda desarrolla su talante ofensivo, su impetuosa disposición a matar.

Lo que el héroe no sabe es que esta batalla se libra en su interior. En realidad ese afán por eliminar el mal del mundo no es otro que el de querer librarse de esas partes oscuras de sí mismo, con las que se identifica y a la vez rechaza. Su falta de aceptación, su anhelo de ser mejor de lo que es, más importante y más grande, le empujan a la rebeldía, esa actitud agresiva y hostil que luego proyecta en su exterior. Ese obsesivo deseo de grandeza es lo que le lleva a realizar actos heroicos, aunque en ello no hay generosidad sino un interés personal centrado en alcanzar esa meta de ser «alguien» por fin.

Interpreto, que tras su valentía se esconde un miedo existencial y primario a mirar dentro de sí. Prefiere ocuparse del mundo para evitar ocuparse de él.

No puede permitirse confiar, ya que los enemigos acechan por doquier. Abandonarse es sucumbir. Precisa mantener la vigilancia permanente, el control absoluto de cualquier situación y a la vez de sí mismo.

Su tiempo es sagrado, no puede perderlo, necesita utilizarlo en cosas importantes. Aquí radica parte de su infelicidad, se pierde los momentos de disfrute. Y con ello se impide esa apertura imprescindible para ser penetrado y entregarse. La experiencia directa es demasiado poco para él, por ello el símbolo se hace imprescindible, es parte fundamental de su locura, la locura de querer trascender la vida, de encontrar lo oculto: el misterio que explica lo que hay detrás del hecho. El símbolo representa un más allá de lo ordinario, no puede conformarse con la inmediatez de lo sencillo. La locura del héroe y la causa de su insatisfacción se resumen en la forma en que ansía sentirse conectado a la vida con intensidad, pero esa actitud de lucha le aleja cada vez más de su objetivo.

Si algo tiene de virtud, a mi modo de ver, es la de ser un buscador que, a pesar de su miedo, logra ser capaz de entregarse a esa muerte psíquica que le transformará, elevándole a un nuevo nivel de consciencia, trascendiendo su disposición a matar y cambiando esa actitud por la determinación a morir, aunque sea el destino quien le obligue a afrontar su temor.

El héroe ha sido representado a lo largo de toda nuestra historia en diferentes mitos y leyendas; como exponentes máximos encontramos a Ulises en la cultura griega y al rey Arturo en la celta. Aún en nuestros días lo dibujan con perfección Paulo Coelho, en su libro *El Alquimista*, y Robert Fisher, en *El Caballero de la Armadura Oxidada*.

A pesar del transcurso del tiempo un mismo esquema se repite: el héroe parte de su reino, de su lugar de origen, y emprende el viaje en busca de un tesoro o sale a rescatar a una princesa; lo que busca no importa, importa lo que encuentra.

Después de superar diversas pruebas, el viaje se convierte, sin él saberlo, en la búsqueda de sí mismo.

Ulises, por ejemplo, después de veinte años perdido, surcando mares y salvando numerosas dificultades, regresa a Ítaca, su tierra, poseedor de esas cualidades que solo un hombre que ha encontrado la sabiduría puede tener: libertad, humildad, coherencia y amor.

El mito del héroe es una metáfora, un símbolo de esa búsqueda alquímica que todo ser humano en algún momento de su vida necesita realizar, pero que no todos somos capaces de emprender. Un impulso primario, una inquietud, un vacío, un deseo de conquista o cualquier otro motivo, pero siempre un descontento, es el motor que lanza al héroe a su destino.

Su viaje es el viaje del alma y, en el camino, los monstruos, los dragones, las pruebas, solo vienen a mostrarle algo de sí. Debe afrontar sus partes más oscuras para encontrar su aspecto luminoso y divino.

En este viaje el héroe va desterrándose, perdiéndose, desligandose de todo aquello que no es. Cuando queda por completo desnudo es cuando descubre lo que es. Y siempre hay algo que comprende, aquello que buscaba lo tenía en el lugar del que partió.

Su vuelta representa la conversión del Héroe en Niño Divino; habrá sido capaz de olvidarse de él mismo, esto es vaciarse de ego, para colmarse de la belleza de la vida.

Lo vemos con claridad en *El Caballero de la Armadura Oxidada*, en su viaje va perdiendo esta y en la medida en que la pierde se pierde a sí mismo. Cuando queda desnudo, sin coraza, se encuentra con él, con lo que siempre había estado ahí debajo; este es el reencuentro con el propio ser.

Alcanzar el verdadero conocimiento de sí mismo, por tanto, requiere emprender este viaje de regreso a los orígenes. Un viaje que está simbolizando el recorrido a través de un gran Laberinto con forma de Doble Espiral, una desciende y se repliega hasta el mismo centro interno, la otra se expande hacia lo exterior.

Distingo las siguientes etapas de este recorrido:

1ª Etapa: La Partida.

El descontento incita al héroe a emprender su camino. Una fuerza primaria le mueve a progresar espiritualmente, a iniciar esa búsqueda en la que alcanzará un nuevo nivel de consciencia.

2ª Etapa: El Tránsito por la Espiral de la Muerte.

Este es un descenso al interior, a la oscuridad, al Inframundo. Durante este trayecto irán apareciendo esas partes oscuras de su yo en forma de monstruos terroríficos, creaciones y bloqueos de su propio temor, y deberá afrontarlos sin saber que solo puede derrotarlos aceptándolos e integrándolos. Irá experimentando la muerte de su viejo yo, la caída de esa falsa imagen de sí mismo con la que se había identificado; debe dejar atrás seguridades y creencias; va quedando desnudo, despojado de antiguos conceptos, y cuanto más se acerca al centro del Laberinto más espesa se hace la negrura. Debe experimentar esa muerte simbólica con todo su rigor. De modo inevitable ha de disolverse por completo para que emerja su verdadero yo, para que ocurra la renovación y el renacimiento, a partir del cual tiene lugar la Iniciación, el momento en que la espiral comienza a girar en sentido contrario. Atravesando el punto de mayor oscuridad se hace la luz, la cual le guiará en su camino de regreso hacia la Vida.

Continuando con el ejemplo de Ulises, el punto de mayor oscuridad lo encuentra en su descenso a la mansión de los muertos, la morada de Hades y Perséfone. Ese lugar subterráneo denominado los Infiernos, situado en el mismo centro de la tierra, separado del resto del mundo por los Océanos, rodeado por dos ríos inmensos: el Estigio y el Aqueronte; guardado en su entrada por un perro de tres cabezas, y circundado a la vez por un río de fuego. Allí debe invocar Ulises las almas de los muertos, y consultar a Tiresias, el adivino ciego, que le indicará el camino de regreso, no sin antes predecirle que ello tan solo ocurrirá después de padecer [3] «muchos trabajos».

Hablará también con numerosas almas de muertos conocidos. Entre ellas la de su madre, Anticlea, la cual sorprendida de verle en estos lugares le pregunta: [4] «Cómo has bajado en vida a esta oscuridad tenebrosa», y le insta a volver lo antes posible a la luz.

Ulises intenta, por tres veces, abrazar a su madre, sin conseguirlo, y ella le transmite el siguiente mensaje: [5] «Cuando los mortales fallecen los nervios ya no mantienen unidos la carne y los

28

huesos, pues los consume la viva fuerza de las ardientes llamas tan pronto como la vida desampara la blanca osamenta, y el alma se va volando, como un sueño».

Ulises afronta en este pasaje todo el poder terrible de sus miedos y un intenso dolor que él mismo describe como: [6] «Un dolor agudo en el corazón que va en aumento».

Podemos observar aquí toda la fuerza de la simbología implícita en esta transformación esencial del héroe:

- **El descenso a los infiernos y el contacto con las almas de los muertos.** Representa el descenso necesario al inconsciente, a las profundidades de sí mismo, y el contacto con sus partes oscuras, sus fantasmas, maldades y temores.

- **El río de fuego y el mensaje de su madre.** Simboliza la disolución de su ser en las llamas del conocimiento, que separan la carne (la sede de la tierra, de la materia), de los huesos (la sede del espíritu). Representando el procedimiento alquímico de separación previo a la unión, de la muerte previa al renacimiento. Aunque también podemos ver en la aparición de Anticlea, su madre carnal, y en la ubicación del Hades (el mismo centro de la tierra, representando el útero de la Gran Madre o Diosa Naturaleza), cómo la muerte se produce en el mismo lugar del nacimiento: la matriz de la Madre.

- **Su conversación con Tiresias.** Encarna el encuentro con su parte sabia interna, su guía interior; esa luz que iluminará su camino de regreso, y que solo puede producirse a través de un profundo contacto consigo mismo.

3ª Etapa: La Espiral de la Vida.

La última parte del viaje puede ser más agradable, pero no por ello menos difícil. En un principio el héroe se siente confundido, desconocido, y en este proceso debe ir adquiriendo la habilad de integrar todo lo aprendido, la capacidad de abrirse a lo nuevo, de descubrirse en esa nueva consciencia que le vincula al cosmos y a la vida. Tiene delante de sí un camino abierto, preñado de potencialidades que debe ir desarrollando, emergiendo de las tinieblas a la luz, atreviéndose a mostrar al mundo a ese ser auténtico.

Y también volviendo a Ulises, lo primero que encuentra al abandonar el Inframundo es [7] «la mansión y las danzas de la Aurora, hija de la mañana, y el orto del sol», en la isla de Eea. Allí se reencuentra con Circe, quien le recompensa con manjares y vino la proeza de haber bajado a la morada de Hades, aún en vida, lo que le ha supuesto [8] «morir dos veces mientras los demás humanos mueren una sola».

Nada más obvio, tras la oscuridad de la negra muerte se alza la luz radiante de la Aurora, que anuncia el nuevo nacimiento, el héroe se ha convertido en el hijo de la mañana, hijo del sol. Ha pasado por tanto de ser el Guerrero de la luz, al Hijo de la Luz. Aquí podemos hablar ya de la conversión del Héroe en Niño Divino, por

30

fin ha adquirido la capacidad de ser permeable: la sensibilidad; a-hora puede disfrutar de los placeres de la vida y nutrirse con ellos, lo que se pone de manifiesto en la expresión [9] «ricos manjares y dulce vino».

Aunque ello no significa que el proceso de crecimiento del héroe haya concluido, ha de afianzar esta conversión a través de los muchos trabajos que todavía tiene pendientes.

Cuando Circe le predice el tortuoso camino que le queda por recorrer, observa cómo Ulises pretende enfrentarse a Escila (el horrible monstruo con el que se encontrará más tarde), a lo cual le responde: [10] «¡Oh infeliz! ¿Aún piensas en obras y trabajos bélicos, y no has de ceder ni ante los inmortales dioses?».

Queda claro que el héroe se resiste a sentirse exento de poder. Por ello tan solo llega a su destino cuando renuncia a esa actitud bélica que le mantiene aferrado a la soberbia, y experimenta por completo qué significa ser humilde: abandonar el intento de forzar las cosas, permitir que la voluntad propia desaparezca en el reconocimiento de una Voluntad Mayor y Única, a la que se somete sin reservas al igual que las hojas mecidas por el viento.

Nuestro Camino

[11] «Hay diferentes caminos de crecimiento que nos conducen en este viaje hacia nuestro interior: caminos de acción, de sentimiento, de conocimiento y de consciencia». Sea cual sea el que elijamos, en todos tendremos que morir.

El camino del héroe, a priori, podría encuadrarse dentro de los caminos de acción, por el modo en que consigue llegar a su interior: a través de lo externo. Aquí manifiesta su ideal, voluntad y disciplina. Pero si solo fuese así, estas serían fortalecidas a lo largo de todo el trayecto, cosa que no ocurre, por el contrario, van declinando en favor de la rendición. El héroe no encuentra su esencia hasta que no abandona su batalla externa, que como hemos visto, no era más que un símbolo de su lucha interior en contra de sí mismo. Por ello, aunque sea menos evidente, el camino del héroe también puede enmarcarse dentro de los caminos del sentimiento, en concreto porque ha de pasar de esa actitud de «huida de sentir» a volverse sensible. Este «proceso» de crecimiento del héroe, no puede darse sin una constante «toma de contacto» con lo que siente, ha de acercarse cada vez más a lo Real de sí mismo, ha de pasar de percibirse inadecuado, «oscuro», a verse «luminoso», a través de esa catarsis ocurrida a fuerza de tener que aceptarse por completo.

Nuestro camino, el que recorremos a lo largo de este libro, al igual que el del héroe, es el camino del sentimiento. Cada una de las emociones que nos vamos a encontrar son en sí mismas un pequeño viaje y una pequeña muerte. En realidad este proceso de muerte y renacimiento se repetirá en un ciclo infinito, la noche oscura surgirá miles de veces y siempre dará paso a un nuevo amanecer, cada uno de ellos más profundo, más cierto, abarcando más consciencia.

Considero las dos muertes más graves, aquellas que se producen trabajando la culpa y, después, el dolor, también las que más nos acercan al renacer.

Como dijo Karlfried von Dürkheim: «Solo en la medida en que una persona se exponga a sí misma una y otra vez a la aniquilación, puede hallar dentro de sí aquello que es indestructible».

SEGUNDA PARTE:

LA ESPIRAL DE LA

MUERTE

CAPÍTULO II

La Metáfora

El agua fluye,

y canta, y juega, y chapotea,

danza de noche ante la luna,

se despereza saludando al sol.

Hostil, furiosa,

truena con la tormenta,

escala cumbres e inunda valles.

Cálida, suave,

abraza como una madre

y habla como un amante.

Helado viento norte

que congelas sus últimos deseos,

sus sueños e ilusiones,

el agua queda dura, inmóvil,

y el tiempo se detiene

y la vida

muere.

Volver al Cuerpo. La Formación de la Armadura Corporal

Sentí todo el peso del frío aquella noche oscura. La luna se ocultaba detrás de negros nubarrones, amenazaba lluvia. Un vago temor se apoderaba de mi cuerpo, de mi mente, de mi ser.

Percibía como todo se cerraba detrás de una espesa muralla: la angustia, el miedo, el dolor, disminuían mientras esa coraza se engrosaba alrededor de mí.

Estaba a salvo, protegida, ya nada me dañaría. Mi escudo me ocultaba del mundo, ese mundo temible que asolaba mi vida.

Pasó el tiempo y me olvidé de quien era, me disfracé de tantos personajes que confundí mi ser con mi ropaje...

Un vacío tenso, carcomido de hastío, iba creciendo en mis entrañas. Un sol grisáceo alumbraba mis días. Los esqueletos de hormigón, asemejando nichos, asomaban detrás de mis ventanas.

El tiempo se detuvo, yo no, yo más corría detrás de la ilusión de escapar de mi vida.

La agenda, el calendario, la casa, mi trabajo, las compras, los amigos, los cursos, los talleres, la prisa, la ansiedad, mil metas que alcanzar, mil luchas que ganar...

El valor es mi lema, la fortaleza de un ser indestructible que, lanza en mano, lucha por tantas injusticias, salvadora del mundo antes que defensora de su propia valía. Un valor que no puedo ni mirar a la cara, intuyo que la máscara deja entrever el miedo que espera, agazapado, cualquier débil flaqueza para sacar sus garras.

El odio se detiene antes de ser sentido, no tiene mi permiso, y se queda escondido detrás del corazón que finge una bondad carente de alegría, se miente generoso.

El enfado no encuentra grieta alguna, aprieto más las nalgas, mi vientre se contrae, todo está controlado, hay una falsa calma: serenidad armónica que resuena a campanas.

La tristeza me aprieta la garganta, extiende su mano hasta mi cuello, y mi boca sonríe, es una mueca trágica que engaña al que me mira, engaña al llanto que no llega a mis ojos, engaña a mi cabeza que piensa que se ríe, pero no engaña al alma que durmiendo sueña con el abandono.

Este es el proceso mediante el cual algunos seres humanos nos defendemos, nos protegemos de nuestros propios sentimientos, nos aislamos del mundo, de lo que nos daña, ya sea exterior o interior, pero también mediante el cual nos perdemos, nos olvidamos de quienes somos y dejamos de sentir la maravilla de la vida.

La vida es un fluir continuo de emociones, sensaciones, pensamientos y actos.

Si congelamos lo que sentimos, que es, en definitiva, lo que somos en cada momento, cesa el flujo, y comienza a dañarnos mucho más que aquello de lo que pretendíamos defendernos.

En ese mismo instante dejamos de ser auténticos, empezamos a interpretar papeles y a utilizar disfraces, uno para cada ocasión, nos convertimos en seres camaleónicos y dejamos de tener un contacto real con nosotros mismos y con los demás. Establecemos, por tanto, relaciones falsas y nos empezamos a sentir separados del mundo, traicionados. Aunque la mayor traición es la de no sernos fiel a nosotros mismos.

El único modo que tenemos de experimentar la vida es a través de nuestro cuerpo. Si nos alejamos de él nos distanciamos de esta, ya que al desconectarnos de nuestras emociones, sensaciones y experiencias, dejamos de sentirnos vivos, perdemos nuestra capacidad de crecer, de adquirir sabiduría a través de la toma de consciencia de lo que sentimos, la capacidad de amar y disfrutar va menguando hasta desaparecer. A la vez nos alejamos de nuestra identidad, de nuestra autenticidad, este distanciamiento puede observarse incluso en nuestro lenguaje: en general decimos que **tenemos** un cuerpo, hemos dejado de sentir que **somos** ese cuerpo.

Desde muy pequeños nos enseñaron que no podíamos sentir determinadas cosas, a algunos nos decían: los hombres no lloran, las mujeres no gritan, o está muy feo que te enfades. Nos reñían o nos castigaban cada vez que expresábamos algo indebido. Terminamos creyendo que lo mejor era ignorar esas emociones si queríamos evitar castigos y el dolor de no sentirnos amados.

La única forma que tenemos de desconectarnos de lo que sentimos es contrayendo la musculatura de nuestro cuerpo. Y a fuerza de contraernos hemos ido dividiéndonos, por un lado la mente, por otro el cuerpo, por un lado el sexo, por otro el corazón, por un lado el pie, por otro la mano. Estar fragmentados nos impide sentirnos íntegros, favorece que determinadas zonas de nuestro cuerpo estén como ahuecadas y que el oxígeno no llegue bien a todas nuestras células.

[12] Wilhelm Reich pudo comprobar cómo el conjunto de tensiones musculares crónicas forman una armadura corporal que nos defiende de cualquier situación, externa o interna, que pueda representar una amenaza o peligro. Esta armadura impide que las emociones conflictivas salgan al exterior, y que lo externo nos penetre y nos dañe, de este modo nos insensibilizamos.

Para desmontar esta armadura tenemos que ser conscientes de ella, y esto es lo que vamos a intentar en este capítulo.

Tomando Contacto: La Respiración

El proceso de recuperación, el reencuentro con nuestro verdadero ser, no puede darse sin que mantengamos un contacto real con nuestro cuerpo. Es un volver a casa, habitar nuestro templo.

El primer paso, por tanto, para hacernos responsables de nuestra vida, consiste en observar qué siente nuestro cuerpo, y esto es lo mismo que decir qué sentimos nosotros. Una de las mejores formas de contactar con nuestros sentimientos es observar nuestra respiración. La respiración nos permite oxigenarnos, nutrirnos, y a la vez eliminar aquello que no necesitamos: el dióxido de carbono. Además de oxígeno nos aporta el «**Prana**», la energía que sostiene la vida. De hecho podemos estar muchos días sin comer o beber, pero sin respirar no viviríamos más de unos pocos minutos. La respiración es el «**espíritu de vida**».

Lo primero que hacemos en el momento de nacer es respirar, y en el momento de la muerte soltamos el último aliento con la expiración.

Es un movimiento rítmico de tomar y soltar, de nacer y morir. Nacemos cada vez que inspiramos, morimos con cada expiración, y cada muerte da paso a una nueva vida.

Estamos conectados al universo, unidos a todos los seres vivos a través de ella.

La respiración integra al ser en una unidad, está conectando a la mente, al cuerpo y al espíritu, al consciente con el inconsciente. Influye en nuestras emociones, en la composición química de nuestra sangre, y en la segregación de determinados neurotransmisores. Por tanto, el modo en que respiramos determina en gran medida cómo nos sentimos. Así cambiando nuestro ritmo respiratorio podemos modificar nuestro estado de ánimo. Los actores utilizan esta técnica cuando necesitan transmitir las emociones que sienten sus personajes.

Cuando nuestra respiración es superficial (cosa muy frecuente, sobre todo porque tenemos la musculatura contraída), nuestro ánimo es gris, por el contrario, respirar en profundidad nos hace sentirnos radiantes, nos ayuda a ir aflojando la «armadura» corporal, y nos facilita entrar en contacto con nuestras emociones y sensaciones.

[13] Por todo lo expuesto, es muy importante que respiremos bien, a pleno pulmón, y además tenemos la suerte de que podemos hacerlo, ya que la respiración es una función fisiológica, tanto voluntaria como involuntaria, lo que nos permite que podamos influir sobre ella (es la única que tiene esta característica).

Observa cómo respiras, te propongo el siguiente ejercicio, fácil de realizar, para que vayas adquiriendo la habilidad de contactar con tus sensaciones. Ten en cuenta que lo importante no es solo realizar estos ejercicios, sino desarrollar la atención. Lo que importa no es lo que hacemos sino cómo lo hacemos, es decir, hacerlo con consciencia.

Ejercicio 1. Observar la respiración.

Durante cinco o diez minutos al día párate, busca un espacio tranquilo donde nadie te moleste. Siéntate de forma cómoda aunque con la espalda recta. Cierra los ojos y observa tu respiración. Solo siente cómo se llena de aire tu cuerpo, a qué zonas llega este aire y a qué zonas no llega. Observa las sensaciones que experimentas, si tienes calor o frío, si hay alguna zona tensa o contraída. Ábrete a sentir lo que haya en tu cuerpo sin forzarte en nada. Cuando termines abre los ojos y después anota todo lo que has sentido y observado.

Ejercicio 2. Profundizando en la respiración.

Busca un espacio tranquilo donde te puedas relajar durante quince minutos. Siéntate en una postura cómoda manteniendo la espalda recta. Cierra los ojos. Pon una mano sobre tu vientre y otra sobre tu abdomen. Inspira en profundidad por las fosas nasales llenando de aire primero tu vientre, después tu abdomen y por último tu pecho. Observa con tus manos cómo estas zonas se van hinchando, y suelta el aire, también por la nariz, en el mismo orden, vacía primero el vientre, luego el abdomen y después el pecho. Intenta que la expiración sea un poco más larga que la inspiración, puedes ayudarte al principio contando 6 al tomar aire y 10 al soltar. Más adelante podrás ir prolongándolo, aunque todo ello debes realizarlo sin forzarte. Imagina que al soltar el aire salen todas tus tensiones, miedos y preocupaciones. Después de estar un par de minutos realizando estas respiraciones profundas deja de controlar tu respiración y tan solo obsérvala, como en el primer ejercicio que ya sabes hacer, hasta que completes los quince minutos, estando siempre atento a tus sensaciones. Cuando termines abre los ojos despacio, y anota todo lo que hayas observado.

Los ejercicios propuestos te ayudarán a bajar a tu cuerpo, a no estar tanto en tu cabeza, a observar con detenimiento qué estás sintiendo, qué zonas tienes contraídas, para que te vayas dando cuenta de cuándo te contraes y en qué situaciones, algunas de ellas podrás evitarlas. También con la respiración profunda notarás que te relajas con más facilidad, profundizas en tus sensaciones, y tu pensamiento se calma.

Recuerda que el cuerpo siempre está en el presente y la mente en el futuro o en el pasado; nuestros pensamientos nos alejan del ahora. Por ello la única forma de que la mente deje de proyectarse en el tiempo es tenerla ocupada prestando atención al cuerpo, entonces se calla, los pensamientos se detienen, y la vida se despliega, explosiona con toda su belleza.

El Autocuidado

Me he descubierto, muchas veces, haciendo una cosa mientras mi mente estaba muy lejos, por ejemplo: estoy planchando y a la vez pensando en que aún tengo que fregar los platos, luego hacer las compras, mañana hablar con mi jefe, que no se me olvide llamar por teléfono... Y entonces algo dentro de mí me empuja a adelantarme al tiempo, tengo que terminar rápido. Darme cuenta de esta prisa interna y de cómo mi intelecto organiza el futuro me hace descubrir que no estoy en mi presente.

Estar en el presente es estar nada más planchando, atenta a todo lo que ocurre: el olor de la plancha, la textura de la ropa, el sonido del vapor al salir, la tela arrugada que va quedando lisa, y atenta a lo que estas sensaciones producen en mí. Ahora he implicado mis sentidos, me he implicado yo, no estoy en el después, y dejo de empujarme, me relajo y disfruto. Así de simple es estar en el presente, no hay nada que hacer, solo estar con nosotros.

Si observáis a los niños veréis que están atentos con sus cinco sentidos a cualquier cosa que estén haciendo. Muchas veces al hablarles ni se enteran porque toda su atención se dirige en exclusividad a aquello que en ese momento tienen entre manos.

Si no volvemos a ocupar con plenitud nuestro cuerpo seguiremos sin sentir qué nos ocurre, qué somos. Es una de las tareas más difíciles, precisamente porque es la más simple. Todo lo sencillo nos cuesta, y la vida es muy sencilla.

Cuando empezamos a bajar a nuestro cuerpo, y digo bajar porque en general estamos arriba, en nuestra cabeza, nos damos cuenta de que tenemos muchas zonas desocupadas, como si estuviésemos llenos de agujeros: no sentimos nuestro pie, o nuestro hombro, o nuestro vientre... Ocupar nuestro cuerpo no es más que ser conscientes de lo que sentimos en su totalidad, que, en definitiva, es nuestra totalidad.

Si nuestra casa tuviera habitaciones cerradas y abandonadas no podríamos saber qué hay en ellas, ni en qué condiciones están. Una vez que las abrimos descubrimos si tienen suciedad, o grietas, o cosas inservibles o tesoros maravillosos. Ver lo que hay nos permite decidir qué queremos hacer con ello. Ahora podemos limpiar, pintar, decorar, disfrutar...

Saber qué sentimos nos ayuda a descubrir qué necesitamos y, a la vez, ello nos permite desarrollar la disposición a cubrir esas necesidades. Esto es el inicio de un nuevo modo de relacionarnos con nosotros, a través del autocuidado.

Cuidarnos es un acto de amor.

Cuando decidimos cuidarnos estamos aceptándonos, nos convertimos en nuestra propia madre amorosa, y eliminamos la exigencia de que nos cuiden los demás. Cuando necesitamos que otro nos cuide dependemos de él, y la dependencia es una actitud infantil. De niños fuimos dependientes porque no nos valíamos por nosotros mismos, necesitábamos de nuestros padres para que nos cuidasen. Si de mayores seguimos manteniendo un comportamiento dependiente nos sentimos incompletos, carecemos de esa sensación de valía personal, fundamental para respetarnos, y también perdemos nuestra libertad, estamos atentos a ofrecer aquello que esperan de nosotros, y dejamos de tener en cuenta qué queremos en realidad ofrecer, de otro modo podríamos quedarnos sin ese cuidado indispensable que nos prestan, pero de esta forma desatendemos nuestras necesidades.

La forma en que nos cuidamos o nos descuidamos es también un indicador muy importante del grado de compromiso que adquirimos y mantenemos con nosotros mismos. Llevar a cabo toda una serie de ejercicios encaminados a profundizar en nuestro interior, y realizar un trabajo para pretender incrementar nuestra sensibilidad, solo darán resultados en la medida en que estemos comprometidos.

Estar comprometidos significa ser capaces de afrontar nuestra responsabilidad. Y ser responsables tiene que ver con nuestra capacidad de «responder», por ejemplo: cuando siento frío emito una respuesta, me abrigo; cuando siento sed bebo agua, cuando siento dolor curo mi herida. Nuestro nivel de compromiso siempre marca el nivel de los resultados obtenidos en cualquier cosa que nos propongamos.

Ahora, si queremos crecer, ser maduros y libres, podemos elegir el autocuidado, y ello significa abrirnos a nuestras sensaciones, dedicarnos tiempo, con la finalidad de satisfacernos.

Ejercicio 3. Valorar nuestro cuerpo.

Este ejercicio es mejor que lo grabes o te lo lea alguien despacio. En los puntos suspensivos deja suficiente tiempo de silencio. Cuando entres en contacto con las distintas partes de tu cuerpo y diferentes órganos trata de visualizarlos. Si no sabes cómo son no importa, deja que te vengan las imágenes que quieran venir. Y si no viene ninguna imagen no te preocupes, limítate a observar tus sensaciones. No fuerces nada, no reprimas nada, solo déjate sentir.

Tiéndete boca arriba en una colchoneta y relájate ayudándote de tu respiración.

Imagina que eres un niño o una niña pequeño/a. Puedes recordarte a la edad de tres o cuatro años. Mírate bien la cara, reconócete, observa cómo te sonríe. Es tu niño/a interior. Siente como ese/a niño/a se acerca a ti y comienza a acariciar con mucho amor tus pies y tus piernas. Los abraza, los besa con cariño porque sabe que son únicos, que te han prestado y te seguirán

51

prestando un gran servicio. Recuerda cuánto has caminado con e-
llos, todos los sitios donde te han llevado, cómo te han traído
hasta aquí, hasta este lugar y este momento presente...

Tu niño/a sabe todo el valor que tienen. Les da las gracias, y
les pregunta qué necesitan para ser felices...

Cuando digan qué necesitan promételes que de ahora en ade-
lante se lo vas a dar. Aunque necesitas tiempo, tiempo para el
cambio...

Agradece todo lo que te han dado y observa cómo con esta
actitud de gratitud tu niño/a se despide de ellos.

Ahora acaricia tu sexo, tu vientre, tu cintura. Abraza estas
zonas sintiendo mucho amor, reconociendo todo el placer que te
han dado, todo lo que han hecho por ti...

Pregúntales qué necesitan para ser felices...

Cuando te lo digan promételes que se lo darás. Aunque nece-
sitas tiempo para el cambio...

Tu niño/a se despide agradeciendo, con ternura...

Y continúa recorriendo tu cuerpo en esta misma actitud. Ahora
tu niño/a besa y acaricia tu abdomen. Sabe del valor de todos los
órganos que ocupan esta zona: tu hígado, tu páncreas, tu estó-
mago...

Sabe cuánto han trabajado para ti durante todos estos años,
cómo han permitido que los alimentos que has tomado te hayan
nutrido...

Da las gracias y pregúntales qué necesitan para ser felices...

Cuando te contesten promételes que se lo darás. Aunque necesitas tiempo, tiempo para el cambio...

Y ahora deja que tu niño/a se despida de esta parte con esa actitud tierna y agradecida...

Sigue con tu pecho, tus pulmones y tu corazón...

Siente cómo los besa y los acaricia reconociendo todo lo que te han dado...

Mira qué necesitan para ser felices. Espera que la respuesta llegue a ti...

De igual modo tu niño/a se despide con gratitud...

Ahora continúa con tus brazos... Tus manos... Tu espalda... Siempre acariciándote y besándote en esta actitud amorosa y agradecida. Después sigue con tu cuello... Tu cabeza... Tus ojos... Tus oídos... Tu boca... Y toda tu cara...

Despídete sintiendo gratitud hacia tu cuerpo, y hazte consciente de lo que este necesita. Reconócete en él, siente que tú eres tu cuerpo, que tu cuerpo es tu hogar, un hogar sagrado, y que de ahora en adelante podrás comunicarte con él. Déjate inundar por la alegría del reencuentro...

Vuelve a tu respiración. Observa el contacto de tu cuerpo con la colchoneta. Ve moviéndote despacio, con lentitud, y poco a poco abre los ojos. Anota todo lo que has sentido y observado.

Este ejercicio te ayuda a valorarte, incrementa tu autoestima y desarrolla una agradable sensación de gratitud hacia ti mismo.

La Importancia de estar Asentados

Somos un universo, y a la vez una pequeña parte de otro universo más grande: el macrocosmos. Estamos conectados a la tierra y al cielo. De la tierra tomamos los nutrientes necesarios para alimentarnos, y el alimento es fuerza, es el sostén de nuestra vida. Pero de igual modo que la tierra nos alimenta el cuerpo, el aire nos alimenta el espíritu. La tierra es nuestra madre, pues de ella nacimos y a ella volveremos. Podemos conectarnos a la tierra siempre que necesitemos fortaleza, porque ella nos la renueva.

Cuando podáis andad descalzos, sentid la tierra bajo vuestros pies, la hierba, la arena; es una sensación muy agradable. Plantad flores, un jardín, un huerto, visitad la montaña. Ello nos hace ver cómo brota la vida de la tierra, y entonces percibimos que formamos parte de esa vida, porque también nacimos de su útero. Siente el útero de la tierra, percibe cómo de él emerge toda la vida del Planeta. Tal vez, si fuésemos más conscientes de esto la cuidaríamos más de lo que lo hacemos, no estaríamos contaminando y maltratando a quien nos alimenta y nos sostiene.

Ejercicio 4. Echando raíces.

Durante diez minutos al día párate. Busca un espacio tranquilo, quédate de pie, aunque relajado. Cierra los ojos y respira en profundidad y con tranquilidad por las fosas nasales, durante un par de minutos, sintiendo que al soltar el aire salen de ti todas tus preocupaciones y tensiones. Pon tu atención en la planta de tus pies. Siente que están bien apoyados en el suelo, todo tu peso recae sobre ellos. Imagina que desde tus plantas te crecen unas raíces grandes y profundas. Como un árbol te sientes arraigado/a en la tierra. Imagina que el aire que respiras es de color rojo y entra por estas raíces, va subiendo desde la planta de tus pies hasta tus genitales. Limítate a respirar por esta zona sintiendo que todo el rojo procedente de la tierra sube por tus raíces, por tus pies, por tus piernas, hasta su sexo; te nutre y obtienes de este alimento la capacidad de sostenerte por ti mismo/a. El rojo se dilata en esta zona. Luego cuando sueltes el aire deja que el rojo salga de nuevo por tus pies, lo devuelves a la tierra.

Observa todas tus sensaciones, permítelas, no fuerces nada y trata de hacerlo con placer.

Cuando termines respira varias veces. Vuelve a sentir tu cuerpo con normalidad. Las raíces han desaparecido y todo el rojo ha salido de tu cuerpo. Ahora ve moviéndote despacio y abriendo los ojos, poco a poco. Anota todo lo que hayas observado.

56

Realiza este ejercicio al menos durante veintiún días consecutivos antes de pasar al siguiente. Te aportará fuerza, estabilidad, asentamiento. Estar bien asentado/as es fundamental para que las tormentas de las emociones no nos tiren por el suelo cuando nos zarandeen. Te dará seguridad, capacidad de equilibrio, y autoconfianza, la sensación de que eres capaz de sostenerte en tus propios pies, por ti mismo/a y, por tanto, necesitarás apoyarte menos en los demás.

También es muy útil y conveniente que, a lo largo del día, cada vez que te acuerdes, te pares a mirar el sol, los árboles, los colores de los sitios por donde pases, trates de apreciar el olor de tu casa, de las calles, sientas la textura, la temperatura de las cosas que tocas, el sabor de las cosas que comes. Observa con atención qué sensaciones te provoca cada uno de estos estímulos.

Esta atención nos permite, por un lado, que nuestros cinco sentidos vayan abriéndose a recibir las impresiones del exterior y del interior; que nuestro cuerpo comience a desentumecerse; que empecemos a darnos cuenta de cómo nos afectan los estímulos externos, ya que una vez que «sabemos» qué nos hace sentir bien y qué nos hace sentir mal podemos elegir qué cosas queremos y qué cosas no queremos. La libertad no puede darse sin sabiduría. Por otro lado, esta atención nos conecta al presente. Observad, siempre que estáis explorando con los cinco sentidos, el tiempo futuro y pasado desaparecen, la mente se para, y el ahora se despliega como una e-ternidad que nos envuelve.

Disfrutando el Cuerpo

Disfrutar de nuestro cuerpo es algo tan sencillo como sacarle el mayor partido a todas esas sensaciones que nos resultan agradables. Podemos disfrutar de un buen baño de agua caliente convirtiéndolo en un ritual, como quien hace una ofrenda a su Dios o a su amante: realizamos todos los preparativos, nos cuidamos de que el baño tenga una temperatura agradable, si hace falta ponemos la calefacción, llenamos la bañera, echamos unas sales, sintonizamos esa música que tanto nos gusta, vamos desvistiéndonos disfrutando de nuestra desnudez, nos introducimos en el agua, sentimos su textura, su humedad, permitiendo que nos inunde, sabiendo que limpia nuestro cuerpo y nuestra mente, nos dejamos reposar deleitándonos con el perfume de los jabones, jugamos con la espuma, percibimos cada poro de nuestra piel abierto y vibrante, luego nos secamos despacio, con ternura, nos ponemos crema para hidratarnos, acariciándonos con mimo, y nos vestimos eligiendo aquellas ropas que nos sientan mejor, conscientes de todo el amor que nos hemos regalado.

Convertir en un rito cualquier cosa que nos dediquemos nos permite abrirnos a la sensación de que «**somos algo sagrado**» y ello incrementa el respeto hacia nosotros, a la vez, alivia nuestras tensiones y preocupaciones, nos levanta el ánimo dándonos sensación de ligereza y alegría.

Los ritos tienen mucha importancia en nuestras vidas, a través de su simbolismo manifestamos, según Claudio Naranjo, [14] «un acto de adoración y agradecimiento». Para este autor «El ritual es cualquier cosa hecha con consciencia amorosa y reverencia».

Por desgracia se han perdido muchos ritos en las sociedades modernas occidentales, y la mayoría de los que se siguen realizando se han convertido en una costumbre, una mera acción repetida por entero desconectada de su significación original. Han perdido lo esencial: ser el vehículo mediante el cual transformamos con consciencia lo ordinario en extraordinario.

Otra gran fuente de bienestar es el movimiento corporal. Darnos permiso para expresarnos con libertad a través de nuestros gestos y movimientos, cosa que facilita de manera muy especial la danza, nos conecta de inmediato con el ritmo de la vida que late en nuestro interior. Podemos dedicar unos minutos al día para bailar y cantar nuestras canciones favoritas. Tener un espacio donde podamos soltarnos, de tal modo que sea la danza quien dance en nosotros, nos trasladará a una nueva dimensión donde vida y esencia ya no están separadas.

Podríamos añadir infinidad de modos de darnos placer:

- Prepararnos una comida donde participen todos nuestros sentidos, adornar la mesa para que disfrute nuestra vista, añadir especias aromáticas para que despierten nuestro olfato, saborearla con lentitud para intensificar nuestro gusto.

- Darnos un masaje con la persona amada.

- Ponernos a escribir ese poema que siempre hemos querido.

- Pintar algún cuadro.

Encuentra tus propias fuentes de disfrute, que cada acto sea un rito donde rindas homenaje a ese ser único que tú eres.

CAPÍTULO III

Del Miedo al Coraje

Estaba de excursión con unos compañeros. Se veían las montañas al fondo, el cielo con un gris blanquecino cubierto de neblina. Gotitas de rocío impregnaban la frondosa y extensa alfombra verde que quedaba como un tapiz mojado a nuestros pies. Yo respiraba agua, el aroma de pinos, de brezos y castaños, húmedos y calientes, penetraba por cada poro helado de mi piel.

Caminábamos luego por un sendero estrecho, serpenteante, resbaladizo, que descendía por la ladera más septentrional del monte. Un abismo tremendo se abría ante mis ojos: picos abruptos y rebeldes asomaban en la curva que marcaba el final de mi trayecto. El precipicio gritaba mi nombre. Escuché su sonido como un eco infinito. Y mis pies se pararon, mis rodillas temblaban, desapareció el verde, un nudo negro apretaba mi estómago, la sangre se me helaba, mi vista se nublaba; sudor, vértigo, nauseas, el aire que me falta, mi corazón latiendo en todos los rincones con una furia indómita y salvaje, como un caballo loco y desbocado; apretando mis sienes el martilleo constante de la idea de la muerte, mi ser desintegrándose, y en mi cabeza un grito, aterrador y mudo: ¡Que paren esto, que lo paren!

Quiero salir corriendo, escapar de mi cuerpo, escapar del tormento, escapar de mi Miedo.

En cualquier situación: al cruzar un puente, al subir a un ascensor, al entrar en un cine, en unos grandes almacenes, al meterme en la cama y en otras muchas ocasiones, volvía a mí este indescriptible pánico, cada vez con más frecuencia e intensidad. Lo externo dejaba de existir. La idea de la muerte, la suposición de una catástrofe inminente irrumpía de modo brutal, tratando de hacer estallar esa capa de hielo que me había empeñado en conservar.

Mi mayor deseo era evitar el miedo, huir de mi cuerpo, no sentir, de modo que esquivaba estas situaciones desencadenantes. Veía que mi vida, cada vez, se iba limitando un poco más. Y todo era inútil, el miedo seguía asomando por mucho que lo intentará controlar.

Una de las primeras emociones que surgen cuando empezamos a conectarnos con nuestro cuerpo es el miedo. Por la sencilla razón de que nuestra anterior desconexión ha evitado que percibiéramos determinadas sensaciones y, por tanto, nos resultan desconocidas, así sentirlas de pronto nos asusta.

El miedo es una emoción fría, que hace que todo nuestro ser se cierre, se contraiga, para sentir protección y seguridad.

Cuando esta emoción perdura durante mucho tiempo en nuestro interior, en un estado de semiinconsciencia, comenzamos a presentar una serie de síntomas: músculos contraídos, órganos apretados, entumecimiento, dolor, peso en el pecho, ansiedad, cansancio...

Cuando el miedo es agudo e intenso lo llamamos pánico, y los síntomas son mucho más llamativos: taquicardia, respiración entrecortada, temblor, escalofríos, diarrea, incapacidad para comer por el cierre del estómago; su duración suele ser corta en el tiempo.

Estas sensaciones pueden aparecer en cualquier momento, de forma inesperada. A todos nos ha ocurrido alguna vez, con más o menos intensidad, no importa que no haya un motivo real, pero todos sabemos qué se siente cuando decimos **Miedo**. Está claro que a ese conjunto de sensaciones que tanto nos desagradan le llamamos de esta forma, y entonces la palabra Miedo se convierte en un símbolo que está representando algo terrible. Si logramos olvidarnos de la palabra, si eliminamos el símbolo, podemos quedarnos solo con «*aquello*» que siente nuestro cuerpo.

[15] Krishnamurti desarrolló muy bien esta idea en su libro *Sobre el Miedo*, en el que viene a decirnos que la propia palabra, miedo, engendra miedo, y ello es la causa de que no podamos entrar en contacto directo con él.

Cuando tenemos miedo nuestra imaginación se dispara, fantaseamos sobre algo que «*podría ocurrir*», una posibilidad futura, o recordamos algo que ocurrió en el pasado, desde ese momento no estamos atentos al presente. Estar atentos al momento actual impide que aparezca el miedo. Si percibimos una situación de peligro actuamos de forma rápida y espontánea, es como un reflejo, algo instintivo, podemos enfrentarnos a esa situación o salir corriendo, es decir, podemos luchar o huir, este es un mecanismo natural. En cambio, si no estamos en nuestro presente el miedo aparece y nos bloquea, no podemos entonces ni luchar ni huir de esa situación, primero porque estamos paralizados, segundo porque no existe, es solo una imagen mental, aquí el miedo pierde su función, y nosotros perdemos nuestra capacidad de respuesta.

El miedo es una emoción básica, útil y necesaria, es una de las que permite la supervivencia de la especie. Se ha podido comprobar que en los mamíferos su manifestación es esencial. Nos permite alejarnos de cualquier peligro que pueda amenazar nuestra vida. Sentir miedo, por tanto, es sano y conveniente, pero se convierte en un problema cuando lo experimentamos en situaciones que no son peligrosas, o por el contrario cuando nos negamos a vivirlo, porque entonces pasa a ser una terrible losa que aprisiona nuestras vidas.

Si observamos algunos de los diferentes tipos de miedos que sentimos veremos cómo siempre que el miedo aparece nos hemos alejado del ahora. Cuando tenemos miedo al cambio tememos que mañana, dentro de unas horas o unos minutos, algo sea diferente, pensamos que esa situación desconocida que va a entrar en nuestra vida será más desagradable que las que tenemos en la actualidad. Por tanto, en el ahora no existe ningún peligro real, solo en nuestra cabeza hay una idea de que el futuro será terrible.

Si analizamos el miedo a morir ocurre lo mismo, en el ahora estamos vivos, por tanto la muerte es otra idea de algo temible que ocurrirá en un futuro.

Si observamos el miedo al dolor vemos que este surge ante la idea de sufrir. El recuerdo de anteriores situaciones dolorosas nos hace temer futuras situaciones similares. Cuando estamos sintiendo nuestro dolor no hay miedo, hay dolor, cuando sentimos miedo al dolor de nuevo estamos fuera del presente. Podéis seguir analizando cualquier otro tipo de miedo que tengáis, veréis como siempre estáis lejos del ahora.

Diría que el miedo está en la raíz de casi todos nuestros problemas: miedo al cambio, miedo a sentir, miedo al dolor, miedo a que nos rechacen, miedo a la muerte, miedo a vivir... Nos impide incluso respirar. Si observáis al miedo veréis que vuestra respiración se hace muy superficial. Nos da miedo de que el aire entre en nuestro cuerpo y por ello lo retenemos en la zona del pecho impidiendo que se expanda y llegue a todas las demás zonas de nuestro cuerpo. Entonces empieza a faltarnos el oxígeno suficiente y sentimos mareos y vértigo. Sabiendo esto podemos de forma voluntaria influir sobre nuestra respiración haciéndola más profunda y llevándola a todos los rincones de nuestra piel.

Del mismo modo que el miedo influye sobre nuestra respiración reteniéndola, nosotros podemos a través de una respiración profunda y consciente influir sobre el miedo.

Pero no entendamos esto como una lucha, como un intentar escapar del miedo, al contrario, estamos queriendo mirarlo de frente, estamos diciendo: respiro con miedo. Así lo acogemos, y cuando el miedo se siente aceptado nos regala su más bello tesoro: el valor, el coraje.

¿Hay algo más valeroso que respirar con miedo? Lo hago con mi miedo, voy con mi miedo, cogido de su mano, tiemblo con él en la oscuridad. Esto es entrar en contacto directo con el miedo: lo veo venir, lo siento con intensidad, me permito vivirlo, percibo su aroma. Es como bucear, estoy dentro del miedo por completo, ahora el miedo y yo somos una misma cosa. Esto resulta difícil al principio, sobre todo si tenemos en cuenta que hemos estado huyendo de él, nos hemos buscado mil excusas para no sentirlo, no podemos de pronto entrar a bucear, primero hemos de aprender a nadar, a chapotear, primero nos quedamos arriba, sobre la superficie, poco a poco iremos profundizando hasta llegar a su mismo centro.

Siento una enorme gratitud hacia mi miedo porque ahora sé que me ha ayudado enormemente a crecer. Cierro los ojos y veo la imagen de una serpiente enorme, devoradora. Me amenaza con mirada asesina. Quiere tragarme, destruirme. Mi piel comienza a transformarse, a trozos se despega de mi carne. Mi cuerpo va alargándose. Todo en mí estalla. Un a-larido hondo me recorre, me voy desintegrando. Me revuelvo en un fango pegajoso formado con mi vómito. Mi mente se desata, mi cuerpo convulsiona, y me siento serpiente. Dudo por un instante entre salir corriendo o quedarme en silencio, mirando al miedo. Y pienso que no puedo, pero a pesar de ello sigo adelante, a ver qué pasa si me atrevo... Y la serpiente sale de mi cuerpo, el miedo me traspasa, soy un canal abierto, siento una luz dorada que me calienta dentro, me baño en ella, me recreo, y siento que he crecido, mi ser se expande, y canto y me sonrío.

Después de esta experiencia hay una transformación esencial en mi vida, la certeza de que he tenido el coraje de vivirla, la certeza de que el miedo y la serpiente no eran esas bestias asesinas que venían a destruirme, la certeza de que soltar mi resistencia a sentir hace desaparecer el miedo. Todas estas certezas me permiten pasar de una actitud hostil a otra más confiada.

Liberarnos del miedo no es otra cosa que tomar consciencia de él, mirarlo de frente y aceptarlo, respirar sintiendo dónde está contraído nuestro cuerpo y llevar aire hasta allí para que estas zonas se dilaten. También es muy útil tratar de identificarlo poniéndole nombre, por ejemplo: miedo a la muerte, miedo a sentir, miedo al miedo, miedo a....

Me gusta distinguir varias fases en este proceso de trabajo con el miedo. Aunque para ser más exacta, la primera de ellas no es una fase de trabajo sino de evitación, ya que sentir miedo nos provoca un conflicto y en general ante nuestros conflictos, sean del tipo que sean, solemos actuar de tres maneras:

- Ignorándolos. Hay una resistencia a afrontarlos. Nos sentimos inseguros y por ello los evitamos, tratamos de creer que no pasa nada, y a la larga esos sentimientos de inseguridad y cobardía crecen a la par que el conflicto evitado.

- Peleándonos. Esta es otra forma de resistencia, aunque aquí hay una posición activa, tratamos de destruir aquello que nos ocasiona conflicto. Nuestra inseguridad, nuestro miedo a ser aniquilados desatan la guerra, pero no por ello estamos exentos de cobardía, seguimos sin atrevernos a permitir que el conflicto nos penetre.

- Aceptándolos. Ello supone afrontarlos y buscar soluciones, lo que denota que nos sentimos seguros, con recursos suficientes para hacerlo, tenemos el coraje de arriesgarnos.

En general, cuando hemos entrado en la pelea, solo hay un camino para llegar a la aceptación: **rendirnos.** Y la rendición no es una derrota, la rendición es parar la guerra, un acto de heroísmo que nos permite extender la mano a nuestros enemigos, reconocer el derecho a su existencia, confiar en la vida.

La primera vez que me rendí lloré sintiendo que había perdido una batalla, y en cambio me encontré con un miedo piadoso, él también soltaba las armas.

Entonces lo supe, no había perdido, había ganado.

Cuando destruyo a mi enemigo los dos perdemos, cuando me rindo le perdono la vida y él perdona la mía. La destrucción es fácil y es buen síntoma de una debilidad ignominiosa, el verdadero poder es otra cosa, es mantener la vida.

La primera fase de la que he hablado se correspondería con esa actitud de ignorar el conflicto, comienza a darse en el momento en que empezamos a contraer nuestra musculatura para no sentir. En la segunda fase, el miedo emerge con potencia e insistencia. Y ello nos lleva a intentar apretarnos algo más, consiguiendo lo contrario de lo que pretendemos, que el miedo aún se vuelva más fiero, ya que su finalidad es ayudarnos a tomar consciencia de nuestras resistencias. Aquello que nos hizo cerrarnos, es lo que ahora trata de liberarnos, es decir, el miedo que fue la causa por la cual nos atrincheramos detrás de nuestra coraza, es el que nos empuja ahora;

nos erosiona en el intento de abrir una grieta que la rompa en mil pedazos. Aquí se libra la batalla, **el miedo o nosotros.**

La tercera fase es la de rendición, rendirnos para aceptar. Decidimos tirar las armas. Ahora es **el miedo y nosotros,** nos abrimos a conocerle, y entonces nos hacemos fuertes, podemos existir con él. Permitir la existencia de lo diferente nos engrandece, aniquilarlo nos vuelve débiles. La rendición nos muestra que la vida es generosa.

Para fortalecer nuestro Coraje, el coraje de ser auténticos, de ser capaces de arriesgarnos a expresar lo que somos, para ir recuperando nuestra autoestima y nuestro sentimiento de fidelidad, podemos realizar el siguiente ejercicio:

Ejercicio 5. Visualización.

Durante diez minutos al día realiza la siguiente visualización:

Siéntate con comodidad. Cierra los ojos. Respira con tranquilidad e imagina que las preocupaciones salen de tu cabeza al soltar el aire. Trata de recordar alguna situación en la que hayas sentido miedo, conéctate bien con este sentimiento. Luego pon toda tu atención en la zona del estómago (el plexo solar), e imagina que una luz de color amarilla, como el sol de mediodía, te inunda todo el abdomen y te rodea por fuera. Mantente unos cinco minutos respirando esta luz amarilla y visualizando tu abdomen inundado de este color. Siente cómo esta luz cálida aumenta tu coraje. Visualiza la imagen de un león. Escucha su rugido. Trata de sentir que tú eres ese león, dispuesto a defenderse a sí mismo y a mostrarse tal y como es. Observa al león encima de una montaña y mira cómo es respetado por todos los demás animales de la selva solo con notar su presencia. Escucha una potente voz que desde tu plexo solar dice: «yo soy coraje y valor».

Vuelve a sentir tu cuerpo con normalidad. Deja que la luz amarilla salga por donde entró. Toma consciencia de dónde estás y de la fuerza que tienes ahora. Respira varias veces, con profundidad, y abre despacio los ojos. Anota todo lo que hayas sentido y observado.

Realiza este ejercicio al menos durante veintiún días consecutivos antes de pasar al siguiente.

Te permitirá sentir el coraje que necesitas para empezar a mostrar quien eres de verdad.

No te preocupes cuando sientas miedo, solo puede tener coraje aquel que se permite sentir su temor, por tanto alégrate y deja que el miedo también se exprese, déjalo salir en forma de temblor o de cualquier otra forma en que se manifieste, experiméntalo, disfrútalo sabiendo que es un sentimiento que pasará (como todos los demás), y que debajo de él como un tesoro escondido aparecerá tu valor, tu fuerza, tu coraje.

CAPÍTULO IV

¿Culpable o Inocente?

Detrás del miedo aparece la culpa. Esta es una de las emociones más dañinas: gelatinosa y pegajosa como una sanguijuela, que como ella nos va absorbiendo nuestra sangre y nuestra alegría.

Arrastramos desde el principio de los tiempos el sentimiento de culpabilidad. Desde Adán y Eva se ha ido transmitiendo de generación en generación la falsa y terrible idea de que somos «**malos**», y ello parece ser la causa de nuestra constante necesidad de escapar de nosotros mismos, aunque en realidad no sea la verdadera, como veremos más adelante.

Llevamos sobre nuestras espaldas la gran carga de ser hijos del pecado. Sentirnos indignos e imperfectos nos provoca miedo a mirarnos, pensamos que si lo hacemos vamos a encontrarnos con esa monstruosa bestia que creemos ser.

La noción de ser malos e imperfectos ha ido cubriendo la verdadera esencia de lo que somos.

La realidad, en cambio, es que si nos atrevemos a mirar, no encontramos a esa bestia, pues no existe, lo que encontramos es que hemos vivido creyendo una triste mentira. El ser que descubrimos es perfecto, luminoso, la bestia es la mentira. Nosotros somos la belleza, no me cansaré de repetirlo, somos la vida.

A pesar de que la culpa es la simiente de muchos de nuestros pesares, el miedo es el primero que hemos trabajado para facilitar nuestra apertura, ya que este es el carcelero del espíritu, aunque la culpa sea el duro juez que le condenó.

En nombre de la culpa una y otra vez nos castigamos tratando de redimirnos de todos los pecados cometidos.

Nos prohibimos disfrutar y ser felices. Renunciamos a lo bueno de la vida. Sentimos que no tenemos derechos, ni a ser amados ni a ser cuidados, ni a ser respetados, al contrario parece que necesitamos sentirnos maltratados, humillados, y así nos convertimos en nuestros propios verdugos, ya que arraigó en nosotros otra falsa creencia, la de que cuanto más dura sea la penitencia antes saldaremos nuestras deudas, cosa que, por otro lado, nunca ocurre.

La culpa, en definitiva, es una fuerza destructiva que dirigimos hacia nosotros mismos. Preferimos atacarnos antes de que nos ataquen los demás.

Como vimos en el capítulo segundo, desde pequeños nos han inculcado que no podemos sentir determinadas cosas, como odio, enfado, rabia, y hemos terminado cayendo en una trampa, ya que por el simple hecho de ser humanos no podemos evitar sentir todo esto en un momento dado, es decir, el sentimiento de culpabilidad proviene de la idea de que somos malos por sentir lo que no podemos impedir sentir. ¿Puede haber algo más absurdo? Pues bien, esta idea absurda está en la base de gran parte de nuestros sufrimientos, y además escondida detrás de muchas de nuestras enfermedades físicas, como bien apuntó el [16] Doctor Edward Bach. Los padecimientos del cuerpo físico son considerados por nuestro inconsciente como una maravillosa forma de purgar nuestras culpas.

Es por tanto de vital importancia erradicar la culpa de nuestras vidas. Aunque como casi siempre, solo podemos liberarnos de ella si nos permitimos sentirla y expresarla, ya que la culpa por ser una de las emociones más abominables esconde también uno de los más preciados tesoros: la inocencia.

En relación con la culpa encontramos también la envidia. El sentimiento de maldad nos hace desear ser diferentes, mejores de lo que somos, más buenos, más sabios… No importa cuál sea nuestro deseo, lo que importa es que anhelamos algo que pensamos que nos falta, y así nos comparamos. Sin comparación no existiría la envidia, de esta se derivan nuestros sentimientos de inferioridad, establecemos un ideal, un modelo de perfección que queremos alcanzar. La envidia también puede llevarnos, si no tomamos conciencia de ella, a despreciarnos a nosotros y al mundo. Generamos un sentimiento crónico de odio y no soportamos ver en los demás ni aquello que rechazamos de nosotros ni aquello que deseamos ser.

77

Como veis nada de lo que somos y sentimos puede ser recha-
zado. Rechazar la culpa es impedirnos la entrada al maravilloso
templo de la inocencia, y puedo garantizaros que cruzar esta puerta
es entrar en otra dimensión.

Ejercicio 6. *Liberar la culpa.

* Siempre que utilizo la expresión «liberar», con relación a las emociones, hago
referencia al siguiente proceso:
1º- Experimentar la emoción mediante una profunda conexión con nuestros
sentimientos.
2º- Soltar la emoción. Dejar que esos sentimientos nos traspasen y se disipen.

*Siéntate con comodidad en un sitio tranquilo, relajado. Comienza
a respirar observando tu respiración. Recuerda alguna situación
en la que te hayas sentido culpable. Conéctate bien con ese sentimiento de culpa. Después imagina que tu cabeza se va llenando
de una luz de color blanco, y desde ahí va bajando por todo cuerpo. Siéntete blanco por dentro y por fuera, luminoso. Percibe cómo esta luz te limpia. Mantente cinco minutos con esta luz blanca
en tu interior y observa bien lo que sientes.*

*Ahora visualiza que en el centro de tu cabeza se abre una
puerta por la que va saliendo esa luz blanca, como si fueses una
chimenea. Mira como tu cuerpo se va quedando limpio, radiante.
La culpa se ha ido, y una sensación de inocencia y bienestar te*

invade por completo. Vuelve a concentrarte en tu respiración y poco a poco abre los ojos. Anota todo lo que hayas sentido.

También puede serte útil, para conectar con tu culpa, observar en tu vida diaria las situaciones que te hacen sentir culpable. Mira si tienes culpa cuando sientes rabia, cuando dices no a alguien, o en cualquier otra situación. No la evites, siéntela y explora de dónde procede el sentimiento y cuál es la creencia que lo provoca. Comprueba si esta creencia es verdadera o falsa, si es algo que te han repetido o inculcado. Ve dándote permiso, reconociendo el derecho que tienes a «**sentir**» sin condenarte por ello.

A medida que vayas trabajando con la culpa irás sintiéndote inocente, merecedor, y tu disposición a aceptarte crecerá. Poco a poco irás descubriendo quien eres de verdad. De momento, confórmate con descubrir quien no eres, aquello con lo que te has identificado durante tanto tiempo no es más que una ilusión, un espejismo que desaparece como un castillo de papel que arde con el fuego del corazón. Saber que no somos esa «bestia» nos libera de toda condena. Sabernos inocentes nos da permiso para poder sentir.

Cuando cae la culpa hay un momento en que no sabemos quiénes somos, aquello con lo que nos habíamos identificado deja de existir, nos sentimos perdidos, y aunque perdernos es la mejor se-

79

ñal de que vamos por buen camino, esto provoca cierta angustia, nos quedamos sin puntos de referencia, lo que creíamos ser desaparece. Es como estar en medio del océano sin ninguna tabla a la que aferrarnos. Estamos ante un paso difícil, el camino se estrecha, la oscuridad nos rodea y se apodera de nosotros un intenso deseo de retroceder. Si tenemos paciencia y fortaleza, y damos el siguiente paso por muy oscuro que esté, comenzaremos a divisar la luz.

Afrontar la culpa, por tanto, es uno de los pasos decisivos en este viaje, y puede sernos de gran ayuda estar atentos a los símbolos o señales que van apareciendo en el mismo. En los periodos de metamorfosis, aquellos en los que tenemos la impresión de que todo a nuestro alrededor se derrumba, los símbolos vienen a guiarnos para apoyar esas transformaciones esenciales que tenemos que realizar. En estas situaciones tenemos más posibilidades que nunca de dar el gran giro a nuestra vida, toda la potencialidad de lo que somos está esperando que demos la luz verde para manifestarse con toda la fuerza de lo nuevo.

Desde la mitología y nuestra cultura de cuentos y leyendas se han venido utilizando diferentes símbolos. Estos pueden aparecer en sueños, en imágenes, en forma de señales externas, o de sonidos. Si estamos despiertos para verlos será mucho más fácil realizar ese tránsito. Solo comentaré algunos de ellos, que agrupo del siguiente modo:

Las Fuerzas De Lo Oscuro.

Pueden ser dragones, serpientes, brujas, monstruos, fantasmas, sitios pantanosos...

Han venido utilizándose de forma tradicional como representantes de aspectos de nosotros que estamos rechazando. Podrían indicarnos que nos hemos equivocado de camino y, a la vez, nos mostrarían la salida hacia el correcto. La dificultad aquí es atravesar esas figuras que tanto nos asustan. Suelen aparecer cuando estamos trabajando el miedo y la culpa.

Las Fuerzas De La Luz.

Los más utilizados en los cuentos han sido: magos, sabios, hadas, ángeles y luces.

Desde la tradición de la que hablamos, vienen representando energías que también poseemos, esas que podrían darnos fuerza e indicarnos que estamos en el camino correcto. Vendrían, por tanto, a mostrarnos aspectos de nosotros que desconocíamos. Pueden aparecer en cualquier recodo del camino, cuando atravesamos momentos de gran dificultad o por el contrario en momentos de éxtasis, y de especial manera al conectar con el perdón y la compasión.

Los Ayudantes.

Suelen ser animales benéficos: conejos, osos, águilas, palomas, avestruces...

Parecen querer traernos diferentes mensajes. Podrían indicar aspectos o facetas que debemos desarrollar o que debemos modificar. También podrían mostrarnos determinados extremismos en los que caemos, para que podamos corregirlos. Por ejemplo: un avestruz puede indicar que tendemos a esconder la cabeza bajo tierra, es decir, que evitamos ver y oír qué nos ocurre. En este sentido nos estará hablando de que tenemos la necesidad de desarrollar nuestra atención, y que debemos corregir esa actitud de huida. Aunque esta solo es una de las múltiples interpretaciones que puede tener. Aparecen en cualquier momento en que sea necesario su mensaje.

La Muerte.

Puede estar representada por diversas imágenes, un cementerio, un esqueleto, una calavera, un túnel negro, también por sonidos, como el de las campanas que tocan a muerto.

Estos símbolos, tal vez, nos avisen de que es hora de dejar atrás aspectos o partes de nosotros, de que ha llegado el momento de soltar, de entregar aquello que durante un tiempo nos fue prestado porque nos era necesario, pero que ya no nos sirve. Aparecen con frecuencia al conectar con el dolor.

La Vida.

Pueden ser árboles, flores, agua, imágenes de un parto. Representan el reencuentro, el renacimiento, aunque también nos pueden informar de en qué grado estamos conectados a la vida.

Recuerdo un sueño en el que veía la imagen de unos rosales en medio del desierto. Los troncos espinosos estaban casi secos, de un color marrón terroso. Enredada entre ellos una única rosa, desgastada, agonizante, sobrevivía soportando la aridez de la tierra, y los rayos severos de un sol tirano, despiadado.

Estas imágenes vinieron a confirmar la extrema esterilidad en que se encontraba mi vida en aquel momento, y cómo a pesar de mi lejanía de lo húmedo (las emociones), me mantenía aferrada a un sutil hilo de esperanza.

Este mensaje me proporcionó una información valiosa, estaba muriendo en vida, pero podía hacer algo al respecto, volver a conectarme con mis emociones.

Debo aclarar que no hay interpretaciones correctas o incorrectas, ni por supuesto fijas, estas son siempre subjetivas, nos aportan información en la medida en que somos capaces de observar la relación que tienen con nuestra vida en el momento concreto en que aparecen, para cada persona tendrán un significado único y especial.

CAPÍTULO V

Del Frío del Odio al Calor de la Rabia

Ahora que tenemos permiso para sentir, irán emergiendo desde nuestro interior deseos escondidos largo tiempo, emociones intensas que han estado reprimidas, controladas o ignoradas. Hasta aquí nos hemos encontrado con emociones muy frías, con el helado viento norte que congela... por así decirlo. Como hemos visto, el miedo y la culpa constituyen las dos primeras capas de nuestra armadura, y parece lógico que así sea, ya que nuestra coraza debe ser lo bastante dura y espesa como para que nada de lo que pueda dañarnos entre o salga, es decir, para garantizar la inmovilización.

Podríamos comparar esta armadura con un glaciar, inmenso y profundo, en el que casi es imposible penetrar en el hielo.

A partir de ahora el invierno irá pasando, comenzarán a llegar vientos más cálidos, y ello hará posible que ocurra el deshielo. Estaremos más vulnerables, más indefensos, pero también más vivos.

He incluido en este capítulo toda una gama de emociones bastante similares. Lo que las diferencia es, sobre todo, su intensidad y temperatura. Ellas son el rencor, el odio, el enfado, la rabia y la ira. Así podríamos establecer en una escala de temperatura de 1 a 5 al rencor en el 1 y a la ira en el 5.

5	4	3	2	1
Ira	Rabia	Enfado	Odio	Rencor

Odio y resentimiento son casi la misma emoción. El odio es intenso y aunque todavía es una emoción fría, comienza a ser algo más cálida que la anterior.

En el odio hay un deseo de hacer daño a otra persona, de castigar, una necesidad de pagar con la misma moneda.

Podemos sentir odio cuando alguien nos hace algo que nos hiere, y este odio puede quedarse bloqueado durante mucho tiempo en nuestro interior, entonces se va transformando en rencor o resentimiento. Pero mientras el odio quiere ser activo el resentimiento es pasivo, en el rencor hay una negativa a perdonar, a soltar, y una exigencia de que nos den lo que nos deben. En ambas emociones subyace la aversión.

El odio proviene de la rabia, cuando esta no explosiona se va enfriando hasta convertirse en odio, Y si este también es ignorado va envenenando nuestra sangre, nos vamos intoxicando mental, anímica y físicamente. En cambio si nos permitimos sentir la rabia, el odio no aparecerá.

Hoy en día sabemos que un enfado prolongado y no expresado puede provocarnos dolor de estómago, gastritis, acidez, ulcera...

Elegimos utilizar este enfado contra nosotros antes de mostrar que estamos enfadados, porque mostrar nuestro enfado conlleva un riesgo: que nos rechacen y nos abandonen.

Preferimos no arriesgar y a cambio nos abandonamos a nosotros mismos, siendo nuestro propio abandono el mayor precio que podemos pagar, ya que desde este momento nos hemos quedado solos de verdad, nos quedamos sin nosotros mismos que es lo mejor que tenemos. Perder nuestro propio cariño es una losa que nos impedirá disfrutar de la vida y del amor. Además, solo podemos sentirnos amados cuando somos auténticos y sabemos que nos aman a nosotros y no a nuestros disfraces.

Enfado, rabia e ira, son la misma emoción en diferentes grados. Esta es una emoción caliente, fuerte e intensa, es un fuego que nos quema, que nos abrasa. Pero del mismo modo que el agua es congelada por el frío, la rabia es congelada por el miedo y la culpa.

Puede costarnos sentir rabia, sobre todo a una gran mayoría de mujeres, ya que nos han educado para que seamos amables y sumisas, aunque también muchos hombres se encuentran con esta dificultad. No ser conscientes de nuestra rabia no quiere decir que esta no exista en nuestro interior, solo quiere decir que no nos damos cuenta de que está ahí.

Reconocer que sentimos rabia (y por ello no pasa nada, no somos monstruos, en todo caso nos hacemos más humanos), experimentarla en todas su facetas y orientarla de modo que no dañe a nadie, es recuperar una parte importante de nuestras vidas y de nuestro ser. Hay veces que podemos sentir rabia hacia determinadas situaciones y personas, pero no nos damos permiso para sentirla hacia otras, por ejemplo nuestra madre, nuestro padre o nuestra pareja. A veces estamos enfadados con nosotros y con el mundo en general.

Ahora sé que cuando me enfado conmigo se debe a que me exijo demasiado, me exijo ser lo que no soy, sentir lo que no siento, y si estoy en la exigencia no puedo estar en la aceptación.

No puedo estar en dos cosas a la vez, y menos si estas son contradictorias. Aceptarme significa acoger cualquier emoción, pensamiento o sensación que surja en mi interior, no resistirme a sentirlas. Son nuestras resistencias las que más dolor y sufrimiento nos provocan, y a lo largo de nuestro camino surgirán una y otra vez. Tenemos que tener mucha paciencia con nosotros mismos, no caer en el juicio ni en la autocrítica, más bien tomar consciencia de que [17] «**Siempre lo hacemos lo mejor que sabemos**», como dice Luise Hay.

Es fundamental, por tanto, que también miremos nuestras resistencias, y las aceptemos como parte de nuestro proceso. No hay que tener prisa en que desaparezcan ni luchar contra ellas, porque cuanto más luchamos más nos persiguen.

Otro aspecto a tener en cuenta cuando sentimos odio y rabia es que por lo general las proyectamos hacia afuera, culpamos a los demás de lo que nos ocurre, nosotros somos víctimas indefensas. Situándonos de este modo no nos hacemos responsables de nuestra vida. Hay que tener cuidado con esto y retomar lo que es nuestro, porque ver cuál es nuestra parte nos permite hacernos responsables de ella y entonces dejamos de ser víctimas, recuperamos nuestro poder para elegir defendernos, alejarnos, respetarnos, o cualquiera otra cosa que queramos hacer. Ello a la vez nos permitirá descubrir que en realidad estamos dolidos, y si nos permitimos sentir nuestro dolor no aparecen ni la rabia ni el odio.

Podemos dirigir nuestra furia de modo que no nos dañe a nosotros ni dañe tampoco a los demás, a veces es suficiente para que se disipe realizar movimientos enérgicos, hacer footing, jugar al tenis, o realizar cualquier tipo de deporte; otras veces necesitamos descargarla de un modo más directo, podemos golpear un cojín hasta que sintamos que hemos soltado toda nuestra rabia, dar gritos hasta que nos cansemos. Cada uno puede buscar el modo que más le ayude a soltarla, pero siempre daros permiso para gritar y golpear, para sentir y expresar.

Ejercicio 7. Liberar la Rabia.

Podemos irnos al campo o a un lugar retirado donde sepamos que podemos gritar sin sentirnos cohibidos. Recordad alguna situación en que os hayáis sentido enfadados. Gritad al viento lo que os hubiese gustado decir en aquel momento. Estad muy atentos a todo lo que sentís: a la temperatura de vuestro cuerpo y a las zonas en las que con más intensidad percibís la rabia. Permitíos que esta os transporte por completo. Cuando notéis que se ha disipado, dad por terminado el ejercicio. Luego anotad todo lo que hayáis sentido.

Habrá veces que además de gritar queráis golpear, hacedlo de modo que no os dañéis, sobre un cojín o un sitio blando. Echad toda la rabia fuera. Romped platos o vasos o lo que queráis, tened en cuenta que después tendréis que recoger los cristales.

Otras veces la rabia os sorprenderá en el momento menos adecuado, y no podréis salir corriendo a un lugar apartado para liberarla, buscad fórmulas para soltarla, os vais al baño y gritáis en voz baja; reconocéis en voz alta «**me estoy poniendo furioso**», o bien os ponéis a trabajar con todo vuestro afán; en fin, según la situación cada uno debe encontrar el modo más adecuado.

De igual manera que una moneda tiene su cara y su cruz, la fuerza destructiva de la rabia, bien canalizada, se transforma en una poderosa energía constructiva. Podemos aprovecharla para darle un empujón a esos proyectos que tardan en cumplirse, para realizar esas tareas que tanto nos cuestan o para poner al día lo que se ha ido quedando pendiente. Cuando ponemos la energía de la rabia a nuestro servicio somos incansables, podemos trabajar horas y horas sacando el máximo provecho y rendimiento, nuestra capacidad de movimiento y resolución se incrementan de un modo increíble, estamos casi al límite de nuestro potencial.

En una ocasión tuve un incidente conduciendo, al llegar a casa estaba fuera de mí, sentía una rabia intensa, más que rabia, ira; la percibía por todo mi cuerpo. Era una densidad que empujaba con furia queriéndose expresar. Mis ojos se llenaron de rojo y estuve no sé cuánto tiempo sin parar. Me sentía desconocida, ordenaba papeles, limpiaba, fregaba, me movía, recogía la casa, hacía las compras, preparaba la comida... Todo lo atrasado lo puse al día. Descargué toda mi rabia en algo constructivo: mi casa quedó a-gradable y acogedora, mis carpetas y documentos ordenados.

Cuando empezamos a permitir nuestra rabia, a expresarla sin tanta dificultad, su explosión y fuego terminan de derretir la frial-dad de nuestra coraza, estamos asistiendo al deshielo, la primavera está entrando en nuestras vidas, y las primeras lluvias están por venir.

CAPÍTULO VI

Del Dolor al Placer

Está triste el aire que respiro, está triste el agua,
la tierra se cubre con un manto negro,
se han muerto en mi alma
ancestrales sueños no cumplidos,
me duele el desgarro y mi centro quema,
mi dolor se expande por todo mi cuerpo,
y siento que de dolor me muero.

En brazos de la muerte espero que se detenga el tiempo,
y su beso al rozarme
despierta al llanto tanto tiempo dormido,
lloran mis ojos
por lo que en el camino se quedó,
lloran mis manos
por todas las caricias no sentidas,
llora mi pecho por todo mi dolor...

Y el llanto se hace lluvia, y la lluvia rocío,
fluye el agua y la vida,
amanece en mi vientre
y yo, dentro, sonrío

Como hemos visto, el proceso de muerte y renacimiento es un ciclo que se repite una y otra vez. Lo hemos experimentado con cada una de las emociones que hemos trabajado antes. Sin embargo es al entrar en contacto con el dolor cuando más real y profundamente penetramos la muerte.

Podría establecer, por tanto, cierta analogía entre Muerte-Dolor y Vida-Placer. El renacer sería ese paso, ese segundo efímero en que ambas están entrelazadas.

La muerte marca el final de una etapa, es un adiós, el duelo de una pérdida. Pero también la muerte anuncia el inicio de esa otra que aún está por llegar.

Conectar con el dolor es un paso difícil y muy duro, sentimos un desgarro profundo, una conmoción que nos sacude cuerpo y alma. Percibimos en todo nuestro ser una angustiosa herida que late con intensidad, y a la vez parece que nos disolvemos en el duelo, nos desintegramos, entramos en la muerte.

Asociamos la muerte con la destrucción, la maldad, y la pérdida. Todo ello nos da miedo, creemos que son fuerzas que pertenecen a lo oscuro, a lo diabólico. Tenemos una visión negativa de la muerte, sin embargo todo tiene sus ventajas e inconvenientes, su parte positiva y negativa, y ambas son necesarias. Sin duda, porque la vida es una bella paradoja, la muerte nos trae al nacimiento, nos permite deshacernos de aquello que ya no nos sirve, dejamos el escalón en el que estamos para subir a un nuevo peldaño de nuestra evolución. La muerte es por tanto el motor del cambio y del crecimiento. De hecho los pueblos primitivos realizaban el tránsito de la edad infantil a la adulta mediante el ritual de la muerte: «**Moría el niño, y el hombre nacía**». Lo importante es saber qué idea tenemos de este proceso. Si nos quedamos con la estrecha visión de que la muerte es el Final, de que nos va a quitar aquello que queremos, aquello donde nos sentimos seguros y a salvo, no podremos vivir esta experiencia. Si en cambio estamos dispuestos a verla como un Puente, y abrirnos a eso nuevo que nos trae nuestra vida y que nos es necesario, si estamos dispuestos a dejar partir con gratitud aquello que nos sirvió durante tanto tiempo, pero que ahora nos impide crecer, estamos en actitud de permitir que el cambio suceda, de permitir que la vida siga fluyendo.

La tristeza o pena es una emoción húmeda, puede ser suave (melancolía) o intensa (dolor). Suele expresarse mediante el llanto y el gemido, y por todos los medios tratamos de evitarla, sobre todo en su manifestación máxima; huimos del dolor, aunque es como huir de nuestra propia sombra: inútil.

Si soy una persona triste y me esfuerzo por ser alegre, estoy luchando contra mí, rechazo lo que soy en este momento, renuncio a vivir mi tristeza anhelando ese día en que se produzca el cambio maravilloso de convertirme en una persona alegre, y parto de supuestos equivocados:

En primer lugar luchar contra mí no puede llevarme a ningún cambio. Nunca he conseguido cambiar nada a pesar de mi incansable esfuerzo para conseguirlo, y me he pasado el noventa y nueve por ciento de mi vida luchando por ser mejor de lo que era, algo que llevaba implícita la no aceptación de mi persona, ya que si me hubiese querido tal como era no habría necesitado luchar para cambiar nada. Por el contrario, la lucha siempre nos lleva a acrecentar lo que somos. Cuanto más lucho contra mi tristeza, más crece esta. La rebeldía nos sitúa de nuevo en la posición de la que partimos.

En segundo lugar, nadie puede ser de forma constante una persona triste, ni una persona alegre, ni una persona cariñosa, ni una persona fuerte... Nadie puede ser de forma permanente nada. En el momento en que nos identificamos y nos definimos de manera perenne, estancamos el fluir de la vida, nos inmovilizamos.

Solo puedo ser alegre a ratos y triste en otros momentos, y ambas emociones pasarán, y al momento siguiente yo me habré convertido en otra cosa.

El único modo que he encontrado para llegar a la alegría es permitirme sentir mi tristeza, llorarla, dejarme acunar por ella, expandirla por todo mi ser.

Hemos visto, en el capítulo tres, cómo la creencia de ser malos engendraba la culpa y esto parecía ser la causa de nuestro miedo a mirar dentro de nosotros. Pues bien, la verdadera causa de esta huida, es el miedo a encontrarnos con nuestro dolor. De algún modo intuimos que el dolor se esconde en nuestros corazones. El dolor es parte de la vida, y como tal también nos nutre.

Imagina que tienes un brazo amarrado a tu espalda, no puedes verlo, además se te ha quedado entumecido, insensible por estar en esta posición, si alguien llega por detrás y te hace una herida en él, tú nada sentirás, y sin embargo tu brazo ha sido dañado, al no darte cuenta no podrás hacer nada para sanarlo, podrás desangrarte o coger una infección. Cuando nos protegemos del dolor, cuando evitamos sentirlo, ello no evita que el daño se produzca, lo único que conseguimos es no enterarnos, y por tanto, tampoco podremos resolver. El dolor nos permite saber que algo nos ha dañado. Viene a avisarnos para que podamos tomar medidas al respecto, y me refiero tanto al dolor físico como al anímico, al dolor del corazón y del alma humana.

Es importante, pues, que recuperemos nuestra sensibilidad. Una vez que sentimos que tenemos una herida podemos sanarla.

Ejercicio 8. Contactar con nuestro Dolor y liberarlo.

Siéntate con comodidad y relájate haciendo varias respiraciones profundas. Visualízate vestido de negro. Estás en un cementerio. Un ataúd está siendo enterrado. Mira cómo le echas tierra con tus manos. Siente qué estas enterrando (podría ser alguna parte de ti que necesitas soltar, una relación, o cualquier otra cosa). Observa bien tu cara, tu expresión, tus sentimientos... Deja que esos sentimientos crezcan, permítelos. Despídete de eso que estás enterrando... Luego agradécele todo lo bueno que te ha dado mientras ha estado contigo. Sabes que ya no lo necesitas. Y permite que lo nuevo llegue a tu vida, ábrete a lo que está por venir...

Cuando lo creas conveniente vuelve a conectarte con tu respiración. Siente la habitación en la que estás y la silla donde te apoyas. Respira en profundidad y abre los ojos despacio. Anota todo lo que hayas sentido.

También puedes despedirte de algo que te cuesta soltar o liberar realizando esto mismo pero en forma de ritual, en vez de visualizarlo lo haces de verdad:

Ejercicio 9. Ritual de Despedida.

Ponte alguna ropa negra. Coge algún objeto que simbolice aquello que quieres enterrar, y envuélvelo en un pañuelo negro. Puedes ir al campo y enterrarlo. Despídete de igual modo que en el ejer-

98

cicio arriba propuesto, y observa tus sentimientos permitiéndolos. Conéctate bien con el dolor de la pérdida. Después te liberas de lo que ya no te sirve agradeciendo lo que te ha dado mientras estaba contigo, y te abres a lo nuevo que pueda llegarte.

A veces nos quedamos enganchados en relaciones que ya han terminado, no aceptamos que la situación haya cambiado y ello nos provoca dolor, resentimiento, rabia... Haciendo este simple ejercicio podemos liberarnos de todo ello, y a la vez podemos abrirnos a crear nuevas relaciones.

Una vez que soltamos el dolor, lloramos nuestra pérdida y atravesamos la muerte, renacemos, llegamos a la otra orilla, la orilla de la Vida.

Permitir que el dolor nos traspase deja libre el camino a la alegría, pero ello necesita una actitud predispuesta a acogerla. Quedarnos enganchados al dolor no nos sirve de nada, de forma voluntaria hemos de abrirnos al placer, al que por desgracia le tememos tanto como al dolor.

El placer solo puede ser sentido a través de nuestro cuerpo, este es la verdadera fuente del placer. Contactar con esta sensación de bienestar requiere que nos ocupemos de nosotros. Ya hemos visto que cuidarnos es tan simple como estar atentos a nuestras necesidades, observar qué nos sienta bien, qué nos gusta, qué nos produce placer, qué podemos regalarnos cada día, qué nos sienta mal, qué nos desagrada, qué nos hace daño. Cuidarnos es elegir aquello que nos hace bien y evitar esas otras cosas que nos sientan mal.

A veces no hacemos nada por nosotros porque pensamos que solo seríamos felices si tuviéramos vidas extraordinarias, situaciones especiales, que llegan a nuestra vida como por arte de magia, con ello nos olvidamos de que nosotros tenemos poder para hacer que nuestra vida sea más placentera. Y si bien es cierto que el organismo se acostumbra a cualquier estímulo repetitivo y tiende a insensibilizarse ante él, también es cierto que los momentos de felicidad se encuentran cuando somos capaces de disfrutar de lo que tenemos, de situaciones simples y sencillas: ver una puesta de sol, pasear por el campo o el parque, sentir el aroma de una flor, saborear un fresco zumo, acariciar la piel de la persona amada, el suave pelo de nuestro gato... Vibramos con las cosas sencillas.

Permitir la apertura de nuestros sentidos para que la vida nos penetre a través de ellos y consiga conmovernos, requiere que nos demos tiempo, paciencia, serenidad, requiere que nos paremos a sentir nuestro propio ritmo y dancemos con él, salir del ritmo que nos marca esta sociedad de prisas y de estrés.

Podemos elegir trabajar unas horas más para tener un buen coche, una bonita casa, un nuevo vestuario, y un sin fin de productos que de poco nos sirven si no nos damos tiempo para disfrutar, o podemos elegir trabajar menos horas y dedicarnos algún tiempo a nosotros, a nuestros hijos, a nuestros amigos, a nuestra pareja.

La calidad de vida no se mide por la cantidad de cosas que poseemos, ni por el estatus social que alcanzamos, sino por esa capacidad de estar conectados con nosotros y con la belleza que nos rodea, de gozar de paz y alegría, la capacidad de disfrutar y sentir el placer de vivir.

Cuántas veces pasamos por delante de flores y no las vemos, tenemos tanta prisa, vamos tan cerrados, tan insensibles, que nada nos penetra. Cada minuto nos perdemos la vida, como dice una frase que me encanta: «**Lo que pasa es la vida mientras esperamos lo que nunca sucede**», y yo añadiría: «**disfrutemos de lo que sí sucede**».

Ser sensibles no es otra cosa que tener capacidad de sentir y responder a aquello que sentimos, nos movemos al unísono como un todo inseparable con cualquier tipo de estímulo por muy sutil que sea. Si somos capaces de ver una flor, de percibir toda su belleza, de sentir su aroma, de dejarnos penetrar por ella, reaccionamos al instante, nuestro ser se expande, se alegra, se emociona, se siente uno con la flor.

Estas experiencias nos crean sensación de ligereza, hay una especie de flotamiento interno, un estar suspendidos. Nos dejamos elevar con la confianza de que algo mayor nos contiene, y es en estos momentos cuando regresamos a ese paraíso perdido, donde abandonarse significa estar unidos a la totalidad por un cordón umbilical imperceptible.

TERCERA PARTE:

LA ESPIRAL DE LA VIDA

CAPÍTULO VII

El Reencuentro: La Puerta Del Perdón

En el camino de Santiago nos encontramos, antes de llegar a la Iglesia del Apóstol, en Villafranca del Bierzo, «**La Puerta del Perdón**». Cruzar esta puerta es el paso previo y necesario para tener acceso a la bendición del representante divino. Incluso para aquellos enfermos que no pueden continuar el camino llegar hasta esta puerta equivale a recibir el Jubileo.

El perdón es una energía cálida, una vibración que se expande dentro de nuestro cuerpo, desde el centro hacia la periferia, desde el interior hacia afuera, de lo profundo hacia la superficie. El acto de perdonar tiene que ver con nuestra capacidad de soltar. Soltamos el dolor, el odio, el resentimiento guardados en nuestro corazón, lo liberamos de la pesada carga en la que se había quedado enganchado. Es tolerancia, admitir los errores, comprender la debilidad, y por ello tiene que ver con el reconocimiento de nuestras limitaciones y equivocaciones. Desde una perspectiva de reconciliación, somos lo bastante humildes como para aceptar nuestras imperfecciones, por tanto, requiere abandonar la exigencia de ser más.

Ser humildes es aceptar nuestra pequeñez, reconocer que no estamos por encima de nadie ni de nada, sino en un plano de igualdad, que lo que poseemos no nos pertenece, que todo es un regalo. Nos sentimos como un minúsculo corpúsculo que forma parte de ese infinito universo de vida que nos contiene.

Lo contrario a la humildad es la soberbia. Cuando estamos en ella se impone la incapacidad de apreciar la pequeñez de la personalidad frente a la «**esencia**» (lo verdadero). Se encuentra camuflada en muchas ocasiones en prepotencia, seguridad en uno mismo, orgullo... Desde esta posición nos sentimos superiores, importantes, olvidamos que somos limitados y desarrollamos una actitud de desprecio hacia lo que nos rodea.

El perdón nos permite mantenernos y mantener a los demás en nuestro corazón, negarnos a perdonar es situarlo todo fuera de él. Es uno de los grandes dones de la vida espiritual, ablanda el corazón preparándole para abrirse al amor. Perdonarnos a nosotros es perdonar al mundo. Ser tolerantes con nosotros nos permite ser tolerantes con los demás. Permitirnos equivocarnos es permitir también los errores de los otros; salimos de la rigidez, de la crítica, de la dureza del juicio para entrar en la dulzura de la comprensión.

Al perdonarnos se amplía nuestra consciencia, incluimos una parte de nosotros que antes negábamos y rechazábamos, aquello con lo que nos peleábamos.

Pero no nos equivoquemos, perdonar no es justificar, el perdón conlleva un acto de responsabilidad, un compromiso de evitar que vuelva a ocurrir el daño. Por mucho que nos duelan las heridas que nos causen los demás, el daño mayor es producido por nuestra actitud de no perdonar, ya que permitimos que la herida siga abierta, nos negamos a curarla, y la curación solo puede darse a través del perdón. Creemos que perdonar tiene que ver con liberar al otro de sus culpas, y en realidad es a nosotros a quienes estamos liberando.

Cuando perdonamos por fin comprendemos que nada tiene que cambiar, dejamos de estar en la pretensión de cambiar al mundo.

Tengo la firme convicción de que nuestros intentos por cambiar lo externo, como en el caso del héroe, no son más que formas de perdernos, de huir de lo que de verdad importa: ocuparnos de nosotros.

Y no quiero que confundáis esta idea, con ello no estoy diciendo que tengamos que olvidarnos de aquello que ocurre a nuestro alrededor, que nos quedemos impasibles ante las desgracias de los demás, ante las injusticias, ante el hambre y la violencia, para nada estoy diciendo esto, lo que digo es que si cada uno de nosotros busca en su interior, se acepta y se ama, logra alcanzar esa coherencia necesaria que hace desaparecer las causas que provocan toda la miseria y toda la violencia del mundo, que no son otras que el miedo, la rabia, el odio, la envidia, la codicia, la soberbia...

Si analizamos con detenimiento de dónde surge la violencia veremos que en la mayoría de los casos nace de nuestro miedo, ya que cuando tenemos miedo de algo o de alguien adoptamos con rapidez una actitud hostil, entonces nos procuramos armas, por si acaso. El más claro ejemplo de ello lo tenemos en la locura que ha llevado a nuestro planeta a fabricar armas cada vez más potentes, a mantener ejércitos cada vez más costosos y sofisticados. Tenemos miedo de que el país vecino nos invada, nos engulla, y antes de que esto ocurra nos preparamos. Claro que ellos al ver crecer nuestra fuerza también empiezan a tener miedo y se ponen a fabricar armas a su vez, y el círculo ya no puede pararse.

Como vimos, a partir del miedo surgen el odio, la rabia, la envidia, por tanto parar el miedo es parar la violencia.

Todo hombre o mujer que consiga afrontar su miedo habrá erradicado la violencia de su vida, cuantos más seamos, menos violencia habrá en nuestro mundo. Mientras esto sucede, tenemos que seguir levantando la voz, reivindicando paz, justicia, igualdad, seguir aportando el granito de arena que tengamos.

He oído a muchas personas decir que no pueden hacer nada por los demás porque sus desgracias se deben a su karma, no hay para mí nada más abyecto, con esta actitud renunciamos a nuestra responsabilidad, justificamos nuestra desidia e insensibilidad. Creo que hay que tender la mano, hay que comprometerse, hay que a-rriesgarse. Tenemos que desarrollar la virtud de la compasión, desde una actitud honesta, no desde la pelea, sino desde la reconciliación, una reconciliación nacida de una profunda auto aceptación. Entonces nuestras reivindicaciones dejan de ser batallas, gritos lanzados al aire, se convierten en vivos ejemplos, modelos de conducta llevados a la práctica de cada día, nuestra sola presencia desprende el mensaje del perdón, y cuando perdonamos brota en nosotros de forma espontánea el deseo de acompañar a los demás a través de su propio Laberinto de pasiones.

El perdón es una poderosa energía curativa, liberadora y unificadora, que transforma la competencia en colaboración, el plomo en oro, la miseria en riqueza espiritual.

Es la llave que abre la puerta del Templo del Amor.

Ejercicio 10. Abrirnos al Perdón.

Siéntate con comodidad. Haz varias respiraciones profundas.

Cuando te sientas relajado centra tu atención en la zona del pecho, visualiza una luz de color verde que inunda tus pulmones, tu corazón, tu esternón, las vértebras dorsales, omoplatos, costillas, hombros, brazos y manos. Deja que esta luz se expanda por completo por estas zonas de tu cuerpo. Imagina que tu pecho se abre y la luz sale de ti llenando también todo el espacio a tu alrededor.

Hazte consciente de que tu corazón se ablanda, se abre al perdón y tu pecho suelta todo aquello que aún le presiona y se permite compartir. Mira si tu pecho se ha quedado sin peso, ligero. Después de unos cinco minutos visualizando el verde, vuelve a centrarte en tu respiración y deja que todo el verde salga de tu cuerpo. Cuando haya salido del todo siente el espacio que ocupa tu cuerpo en la habitación donde estás, y abre los ojos despacio. Anota todo lo que hayas sentido y observado.

Yo sentí el perdón como una luz radiante. Percibí una sonrisa amplia que se extendía dentro de mí. Pude ver cómo sonreían todas mis células. Una dulce emoción me embargaba: la de estar en paz conmigo y con el mundo.

El Templo del Amor

Encontrarnos de nuevo es hallar el amor. El tema del amor nos ha inspirado siempre, describirlo ha sido casi una obsesión, encontrarlo la más ardua búsqueda del ser humano.

Me gusta distinguir la diferencia que existe entre amor hacia uno mismo, hacia nuestros semejantes y hacia la vida, creo que son tres escalones del amor, sin el primero es imposible llegar a los otros dos.

A través de este viaje hemos conseguido alcanzar el primero, pues, ahora que podemos mirarnos a la cara, por primera vez, vemos nuestro verdadero rostro: un ser radiante, integro, perfecto, a imagen y semejanza de lo divino, repleto de capacidades y potencialidades, que posee el maravilloso don de la libertad.

Cuando «sabemos» quienes somos, el amor surge de modo espontáneo, nos amamos lo suficiente para cuidarnos, respetarnos, y protegernos, nos damos lo mejor, nos sentimos merecedores y generosos, no juzgamos, miramos con amor. Pero también amar es un acto de voluntad, y no confundamos esto, con ello me refiero a que podemos estar en la intención de abrirnos al amor, estoy de acuerdo con esa frase que dice: «**Es el amor quien ama a través nuestro**». Por supuesto que no podemos elegir qué sentimos, pero sí podemos elegir tener la predisposición a permitir que el amor nos penetre.

Aunque para llenarnos primero hemos tenido que vaciar nuestras copas, dejar que todo salga. Los dragones, los lodos, las serpientes, la oscuridad, no eran más que fantasmas, solo la luz existe, y la luz es amor.

Amarnos es sentirnos valiosos, sagrados, luminosos, y tiene que ver con nuestra devoción y generosidad.

También, amar es entregar. Solo podemos dar aquello que tenemos, a nosotros mismos. En la entrega vertimos todo lo que somos en cada momento, compartimos; dar de lo que nos sobra es dar una limosna, compartir lo que *somos* es amar.

Aquí nos estamos amando a nosotros y también a los demás, a nosotros mediante nuestra fidelidad, somos fieles a lo que sentimos y lo compartimos, a los demás a través de la honestidad, les mostramos nuestros verdaderos sentimientos, somos transparentes, no les engañamos.

La virtud de la generosidad tiene que ver no solo con el amor a nosotros sino también con el amor a los otros. Entregarnos es el mayor acto de generosidad que puede realizar un ser humano.

En nuestras relaciones hacemos intercambios, yo te doy, tú me das. Damos para que nos devuelvan, esperamos la respuesta del otro, exigimos al menos que nos den en la misma medida. Y si nuestras expectativas no se cumplen entramos en la rabia, en el resentimiento, en el dolor, desde luego aquí no hay generosidad.

En otras muchas ocasiones confundimos amar con necesidad, incluso llegamos a decir que necesitamos al amado tanto como al aire para respirar. En realidad queremos que el otro tape nuestros huecos, llene nuestro profundo vacío, y si en nosotros hay vacío ¿cómo podemos dar? Cuando necesitamos que los demás nos quieran, nos falta el amor, porque cuando amamos no hay necesidad, estamos completos, nadie tiene nada que llenarnos, nosotros somos los que ansiamos poder vaciarnos. Si amamos de verdad no hay nada que esperar, nuestra copa está llena y rebosa, el goce es el de dar: en esto consiste la generosidad.

Pero también podemos ver otra cualidad importante del amor, cuando se refiere al que sentimos por nuestros semejantes: la virtud de la compasión. Del amor surge la virtud de la compasión.

Uno de los significados de la palabra pasión es padecimiento, compasión sería: padecer con, es decir, ser capaces de sentir los padecimientos de los demás. Nos ponemos en el lugar del otro, le comprendemos, sabemos qué siente porque nosotros también hemos sentido alguna vez lo mismo, y desde esa comprensión nos movemos para mostrarle en la medida en que podamos el camino de la sanación y le acompañamos en su dolor. Por tanto, tratamos a nuestros semejantes de la misma forma en que nos tratamos a nosotros.

El último escalón, el más elevado, es el amor a la vida. Cuando amamos la vida nos inunda una agradable emoción de gratitud, que se manifiesta en la Celebración.

Ejercicio 11. Abrirnos al Amor.

Siéntate con comodidad y haz varias respiraciones profundas. Cuando te sientas relajado centra tu atención en tu cuerpo. Visualízate como una gran célula, todas tus partes se unen formando una Unidad. Percibe como el aire entra por todo tu cuerpo, por esa membrana que recubre la célula que tú eres: tu piel.

Pon la atención en tu corazón. Visualiza una luz de color rosa que te inunda por completo. Deja que esta luz se expanda dentro de ti primero, y luego desde tu corazón sale al exterior. Ahora el fuera y el dentro son una misma cosa: el color rosa. Sé consciente de que te abres al amor y siéntete unido al universo... Después de unos cinco minutos vuelve a centrarte en tu respiración. Deja que el color rosa salga de ti por completo. Observa el contacto de tu cuerpo en las zonas en que estás apoyado, percibe el volumen que ocupas en la habitación donde estás y abre los ojos despacio. Anota todo lo que hayas sentido y observado.

CAPÍTULO VIII

Celebrando la Vida

Sentía caer despacio una gota tras otra, el hielo se transformaba en agua, hasta que estrepitosamente cayó en el suelo la armadura. El sonido sordo del metal fundido se alejaba, mientras se iba hacercando el jolgorio de la vida: Oía canto de pájaros, voces de niños, sus risas y carreras, el aire que silbaba en mis ventanas, y la cadencia rítmica de mi reloj interno anunciando el despertar del sueño, el regreso del tiempo: ¡El presente es eterno!

Veía el cielo luminoso, con un azul intenso, salpicado de blancas nubes juguetonas que dibujaban mil diferentes formas: un elefante, un rayo, una gaviota...

Bajé a la calle. Me deslizaba rozando el suelo tan solo con la punta de mis dedos, ligera, como si todo el peso de mi cuerpo se hubiese quedado dentro de esa armadura rota. Pero a la vez sentía la conexión profunda con la tierra, unas largas raíces me nutrían. Olía a azahar, los naranjos en flor tocaban con sus alas mi emoción. La calidez del sol desparramaba besos por mi piel; la primavera adornaba mi cuello con guirnaldas de flores; susurraban los árboles: el amor es posible; y mi sangre danzaba dando vueltas en círculo, emulando a la rueda del destino. Mi alegría saltaba igual que un arlequín, del corazón al rostro, manos, ojos y boca, vientre, pies y cabeza, sexo, pecho y nariz, en un abrazo único, el abrazo del llanto con la risa, del alma con la vida.

Celebrar la vida es disfrutar en plenitud de ella, y el requisito imprescindible para poder hacerlo es tener libertad, aunque como ya hemos visto no hay libertad sin sabiduría.

Conocimiento y sabiduría son algo muy distinto. Conocer es aprender con la mente, con la parte racional de nuestra naturaleza. Cuando aprendemos que dos por dos son cuatro, solo una parte de nosotros está implicada, podemos conocer muchas cosas que no serán más que datos almacenados en nuestra memoria. Cuando «sabemos», no es un dato lo que guardamos. La sabiduría conlleva conectar con nuestra experiencia, un aprendizaje directo, en el que está implicado todo nuestro ser.

Para que se dé este contacto directo hemos de estar abiertos, receptivos, dispuestos a arriesgarnos, explorando con los cinco sentidos. Nuestro ser completo tiene que estar ahí, el cuerpo percibiendo, la mente contemplando, el alma conmoviéndose, fluyendo.

La sabiduría por tanto reside en nuestro interior, y solo tenemos que dejarla despertar.

Somos un radiante y diminuto universo, todas las capacidades están en nuestro interior, tenemos capacidad para odiar, para amar, para perdonar. Pero así como estas capacidades son nuestras, las emociones en cambio no nos pertenecen, tan solo nos penetran, nos traspasan si estamos receptivos y abiertos, nos rebotan si estamos cerrados, o se estancan si nos contraemos una vez que han entrado. Somos por tanto un canal, un vehículo por el cual puede fluir la vida. Lo interesante es estar receptivos, permeables y abiertos, pues, en cada momento nos vamos convirtiendo en aquello que nos traspasa, ya sea miedo, odio, alegría o amor.

¿Hay algo más hermoso que ser penetrados por la energía de la vida? Aunque ya sé que algunas de estas energías no nos gustan, si nos cerramos impedimos el paso a todo lo demás, y entonces nos perdemos la experiencia de vivir.

El milagro de la vida es algo tan amplio, misterioso y mágico, que no puede ser entendido por nuestra mente estrecha. Tal milagro no es otro que permitirnos movimiento, fluidez, ir del blanco al negro, y del negro al blanco pasando por toda la gama de colores intermedios, de la risa al llanto, del odio al amor, del miedo al coraje, de la fortaleza a la debilidad, de la fiereza a la ternura.

Movernos de una emoción a otra es vivirla, experimentarla, respetarla y expresarla.

Y ello tiene que ver con soltar el control. Cuando ejercemos nuestro control estamos impidiendo que lo que sentimos se manifieste y se exprese. Ser controlador es, en concreto, lo contrario de ser espontáneo. En la espontaneidad hay un movimiento continuo, ininterrumpido, como un río que en libertad desciende corriente a- bajo. En el control hay retención, estamos forzando la inmovilidad, tratamos de contener el río de la vida.

Celebrar la vida también tiene que ver con la gratitud. Agradecer es un acto de reconocimiento. Reconocemos el valor de lo que tenemos, expresamos que algo nos ha penetrado y nutrido. Es, por tanto, un acto de dar y a la vez de recibir. Podemos agradecer aceptando el regalo que nos dan, acogiendo que hoy llueve, que mañana hace sol, que ha salido la luna, que tenemos comida de la cual disfrutar... Aunque también podemos agradecer además de expresándolo de forma oral, a través de nuestros actos: organizar una fiesta para nuestra pareja, preparar un café para unos amigos, fabricar un regalo para nuestros hijos o visitar al abuelo. Por muy poco que tengas seguro que hay algo que puedes agradecer.

Algo que he comprobado es la gran diferencia que hay entre levantarme por la mañana agradeciendo el nuevo día o quejándome por tener que levantarme temprano de la cama. Cuando me levanto con la queja, me cuesta salir de ella durante el resto del día, estoy de mal humor, cualquier cosa me irrita, me enfado con facilidad o me auto compadezco. Cuando me levanto agradeciendo que me hayan regalado un día más, todo se vuelve un regalo, estoy contenta tan solo por vivir, me encanta la idea de poder sentir la brisa fresca de la mañana en mi piel, percibir las distintas sensaciones que se van sucediendo en mi interior. Y doy gracias a la vida, como dice la canción. El acto de agradecer nos conecta de inmediato con nuestra alegría. Nos dejamos llevar por entero, cantamos, saltamos, jugamos, vivimos con placer.

Un punto que no quiero dejar pasar por alto, es que no propugno ese estilo de vida positivista, donde la búsqueda de la felicidad constante y absoluta es la única meta, donde la pretensión de encontrar lo placentero, huyendo de todo lo demás, se convierte en nuestra brújula, donde a través de mil técnicas, entre ellas las afirmaciones positivas, nos auto engañamos cada vez más. Y con esto no digo que estas técnicas sean nocivas, al contrario, son de gran ayuda, lo nocivo es esa actitud, la intención con la cual las utilizamos.

Afirmar, por ejemplo: que somos hijos de la luz, es por completo cierto y tiene una gran fuerza, pero debemos enmarcarlo dentro de un trabajo amplio de apertura, donde decir esto no signifique que estamos rechazando nuestras partes oscuras. Como ya hemos visto, tenemos que acoger los dos aspectos si de verdad queremos sentirnos íntegros.

Celebrar la vida no es tan solo situarnos en aquello que nos parece agradable y positivo, es acogerlo todo: belleza y fealdad; en las dos sentimos que nuestro corazón es tocado, de modo que se abre a ver la parte bella de lo feo, a ver la parte fea de lo bello.

Cuando logramos alcanzar ese **estado** de celebración nuestro espíritu nace, crece, se desarrolla, consigue desplegar sus alas y, entonces, fluye, vuela, para encontrarse con la eternidad, una éternidad nacida del reconocimiento de que todo es imperdurable, de que todo llega a ser y luego pasa.

Los ingredientes imprescindibles para celebrar la Vida son, por tanto, atención plena al presente, apertura para dar y recibir, capacidad de disfrute, de divertimento, espontaneidad, gratitud, alegría y ecuanimidad. Ello podría resumirse en una sola palabra: Unidad. Este sentimiento de unión, de **pertenencia,** disuelve la ilusión de la separación, la soledad se desvanece en el Océano insondable de la Vida.

La experiencia del reencuentro marcó en mi vida un antes y un después; estar abierta, disponible, penetrable, como un cáliz que permite se vierta en él la vida, me enseñó el significado de la adoración, la gratitud y la Celebración.

Celebración

Mi cuerpo está ligero,

mi mente está serena,

hay un brillo en mis ojos

que me alumbra por dentro.

Formo parte del mundo,

el universo danza en mi interior,

me penetra, me eleva, me transporta

el sonido del cielo, el aroma del sol.

Me siento libre, luminosa, despierta,

nace en mi vientre la rosa del amor,

mi corazón se entrega,

desaparece el yo,

me convierto en la rosa,

en un árbol en flor,

y en la niña que juega,

y después en canción,

en risa, en agua, en amapola,

arcoíris de estrellas, y en la Hija de Dios.

Brota en mí la alegría,

se derrama mi alma celebrando la vida

que fluye en mi interior.

EPÍLOGO

Cuando termino de escribir este libro siento que estoy al principio del camino, tan solo he dado la primera vuelta a la espiral del laberinto. Sigo sintiendo miedo, a veces me escapo, a veces le miro, algunas me abro y otras me cierro, a veces acierto y luego me pierdo, de nuevo me caigo y después me levanto.

El conocimiento que hasta ahora he adquirido de mí misma me anima a seguir buscando, porque en la medida en que me conozco me comprendo, y en la medida en que me equivoco aprendo.

Hay una intuición profunda de que más adentro está la fuente de la luz, esa fuerza que mueve al universo, tal vez no la encuentre, puede que nunca llegue a mi destino, pero eso no importa, lo que sí me importa es saber que a cada paso me voy acercando un poco más. Lo que hoy por hoy da sentido a mi vida es sentirla, estar en camino, atenta a las señales del mismo, una que nunca falla es observar si estoy separada o unida al mundo, cuando puedo ver mi mirada en otros ojos, mi risa en otra cara, mi dolor en otro ser, cuando siento que formo parte de algo mucho más extenso y a la vez soy pequeña, me siento más humana, me expando y crezco. Ello es señal inequívoca de que sigo en el camino correcto.

Por último me gustaría que no creyeras nada de lo que aquí he escrito, sino que indagues, explores, observes y descubras por ti mismo cuál es tu verdad, pues yo tan solo te he expresado la mía. Gracias por escucharla.

NOTAS

(1) Jack Kornfield, Camino con Corazón, Editorial Los libros de la liebre de Marzo, 1997.

(2) Basado en el concepto de arquetipo de C. G. Jung. Para profundizar en este tema, puede consultarse el libro de C. G. Jung, Arquetipos e Inconsciente Colectivo, Editorial Paidós, 6° Reimpresión, 1997.

(3), (4), (5), (6), (7), (8), (9), (10) Fragmentos de la Odisea, de Homero, Ediciones Orbis, 1982.

(11) Esta Clasificación de los Caminos de Crecimiento es la realizada por Claudio Naranjo, dentro de cada uno de ellos agrupa, a su vez, una gran variedad de caminos y métodos. Ello puede encontrarse en su libro La Única Búsqueda, Editorial Sirio, 2° Edición, 1994.

(12) Alexander Lowen, en su libro Bioenergética, Editorial Diana, 17ª reimpresión, 1994, desarrolla extensamente estos conceptos.

(13) Podéis ampliar la información sobre la respiración en el libro de Hiltrud Lodes, Aprende a Respirar, Editorial Integral, 1998.

(14) Claudio Naranjo. La Única Búsqueda. Editorial Sirio, 1997.

(15) Krishnamurti. Sobre el Miedo. Editorial Edaf, 1995.

(16) Dr. Edward Bach. La Curación Por Las Flores. Editorial Edaf, 1997.

(17) Louise Hay. Usted Puede Sanar Su Vida. Editorial Urano, 1989.

LECTURAS RECOMENDADAS

1-Jack Kornfield, Camino Con Corazón, Editorial Los Libros De La Liebre De Marzo, 1997.

2-C. G. Jung, Arquetipos E Inconsciente Colectivo, Editorial Paidós, 6ª Reimpresión, 1997.

3-Claudio Naranjo, La Única Búsqueda, Editorial Sirio, 2ª Edición, 1994.

4-Dr. Alexander Lowen, Bioenergética, Editorial Diana, 17ª Impresión, 1994.

5-Hiltrud Lodes, Aprende A Respirar, Editorial Integral, 2ª Edición, 1993.

6-Homero, Odisea, Ediciones Orbis, 1982.

7-Krishnamurti, Sobre El Miedo, Editorial Edaf, 1995.

8-Dr. Edward Bach, La Curación Por Las Flores, Editorial Edaf, 1997.

9-Louise Hays, Usted Puede Sanar Su Vida, Editorial Urano, 1989.

10-Robert Fisher, El Caballero De La Armadura Oxidada, Ediciones Obelisco, 38 Reimpresión, 1999.

11-Pablo Coelho, El Alquimista, Editorial Planeta, 11ª Edición, 1998.

12-Krishnamurti, El Arte De Vivir, Editorial Kairós, 2ª Edición, 1994.

13-Sogyal Rimpoché, El Libro Tibetano De La Vida Y La Muerte, Editorial Urano, 1994.

14-Elisabeth Kübler-Ross, La Rueda De La Vida, Ediciones Grupo Zeta, 4ª Reimpresión, 1999.

15-C. G. Jung Y Otros, Encuentro Con La Sombra, Editorial Kairós, 3ª Edición, 1996.

16-Thorwald Dethlefsen Y Rüdiger Dahlke, La Enfermedad Como Camino, Plaza & Janés Editores, 9ª Edición, 1993.

AUTORIZACIONES

Expreso mi más sincero agradecimiento a las siguientes editoriales y autores por permitirme reproducir algunos fragmentos de sus obras:

- Reproducción de una frase de *Usted puede Sanar su Vida*, libro de Louise Hay, autorizado por Ediciones Urano el 14 de Marzo del 2000.

- Reproducción de un fragmento de *Camino con Corazón*, de Jack Kornfield, autorizado por Ediciones Los libros de la liebre de Marzo, el 15 de Marzo del 2000.

- Reproducción de varios fragmentos de *Odisea*, de Homero, autorizado por Ediciones Orbis, el 13 de Abril del 2000.

SOBRE LA AUTORA

Pilar González Álvarez, escritora, trabajadora social y terapeuta gestalt, nace en Sevilla el 17 de febrero de 1962. Desde siempre le ha gustado escribir y expresar a través del papel sus vivencias, ideas y sentimientos.

Esta obra, *Fluir con la Vida*, fue presentada al I Premio Espiritualidad, convocado por la editorial Martínez Roca, siendo una de las cinco finalistas preseleccionadas.

En el año 2004 publica su primer libro *El despertar de Abelia*, también disponible en versión digital. Cuenta además con varias obras escritas que aparecen al final de este libro. Escribe tanto novela como poesía, relatos y libros de autoayuda.

POR ÚLTIMO

¿Te ha gustado este libro? Sí es así recomiéndalo a tus familiares y amigos. Tómate unos minutos para dejar tu opinión sobre él en Amazon y en tus redes sociales favoritas. Para nosotros los escritores es muy importante conocer la opinión de los lectores, además me ayudarás a darlo a conocer y te lo agradeceré siempre. Para dejar tu comentario en Amazon solo tienes que volver a entrar en la página donde lo has adquirido y bajar por ella hasta encontrar el apartado Opiniones de los clientes.

También puedes visitar mi página:

https://www.amazon.es/Pilar-Gonzalez-Alvarez/e/B016E117TG

Y seguirme en mis redes sociales:

https://www.facebook.com/Pilargonzalezescritora

https://twitter.com/pilarescritora

OTROS LIBROS DE LA AUTORA

El despertar de Abelia

https://amzn.to/2lNmqpF

Cómo superar tu timidez

https://amzn.to/2tYedSW

El espejo egipcio

https://amzn.to/2MIeEsC

Publica tu libro con éxito

https://amzn.to/2AIo6ZF